# Discovery
# EDUCATION
# 맛있는 과학

디스커버리 에듀케이션
**맛있는 과학 – 21 뇌와 호르몬**

1판 1쇄 발행 | 2012. 3. 9.
1판 4쇄 발행 | 2018. 3. 11.

발행처 김영사
발행인 고세규
등록번호 제 406-2003-036호
등록일자 1979. 5. 17.
주　소 경기도 파주시 문발로 197(우-10881)
전　화 마케팅부 031-955-3102 편집부 031-955-3113~20
팩　스 031-955-3111

Photo copyright©Discovery Education, 2011
Korean copyright©Gimm-Young Publishers, Inc., Discovery Education Korea Funnybooks, 2012

값은 표지에 있습니다.
ISBN 978-89-349-5470-5 64400
ISBN 978-89-349-5254-1 (세트)

좋은 독자가 좋은 책을 만듭니다. 김영사는 독자 여러분의 의견에 항상 귀 기울이고 있습니다.
독자의견전화 031-955-3139 | 전자우편 book@gimmyoung.com | 홈페이지 www.gimmyoungjr.com
어린이들의 책놀이터 cafe.naver.com/gimmyoungjr | 드림365 cafe.naver.com/dreem365

---

**어린이제품 안전특별법에 의한 표시사항**

제품명 도서　제조년월일 2017년 9월 22일　제조사명 김영사　주소 10881 경기도 파주시 문발로 197
전화번호 031-955-3100　제조국명 대한민국　⚠주의 책 모서리에 찍히거나 책장에 베이지 않게 조심하세요.

최고의 어린이 과학 콘텐츠
**디스커버리 에듀케이션** 정식 계약판!

# Discovery EDUCATION
## 맛있는 과학

### 21 | 뇌와 호르몬

문희숙 글 | 최승협 그림 | 류지윤 외 감수

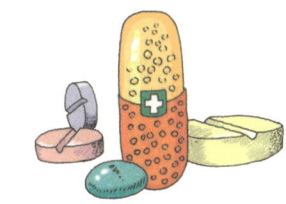

## 1. 뇌는 몸을 다스리는 컴퓨터

뇌란 무엇일까요? 8
동물과 식물도 뇌가 있나요? 10
머리가 좋다는 것은 어떤 뜻일까요? 13
  TIP 요건 몰랐지? 지능이란 무엇일까요? 15
움직이지 않아도 뇌는 일해요 16
  Q&A 꼭 알고 넘어가자! 18

## 2. 뇌의 구조와 하는 일

대뇌는 생각하고 판단해요 22
  TIP 요건 몰랐지? 외계인 손 증후군 28
  TIP 요건 몰랐지? 조건반사와 무조건반사 29
다른 뇌들도 일해요 30
  TIP 요건 몰랐지? 뇌도 진화해요 33
해마와 편도는 기억해요 34
  Q&A 꼭 알고 넘어가자! 36

## 3. 신경과 신경세포

척수는 뇌와 온몸을 연결해요 40
우리 몸의 신경 42
신경세포, 뉴런 45
  TIP 요건 몰랐지? 미러뉴런 48
뉴런을 연결하는 시냅스 49
  TIP 요건 몰랐지? 대왕오징어의 신경세포 51
뉴런을 돕는 신경교세포 52
뇌세포도 변해요 54
  Q&A 꼭 알고 넘어가자! 56

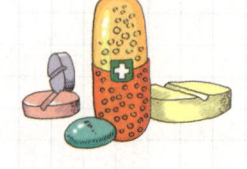 

## 4. 뇌의 특별한 능력

감정도 뇌에서 생겨요 60

밤에 잠을 자는 이유 64

뇌파 68

TIP 요건 몰랐지? 몽유병과 기면증 70

Q&A 꼭 알고 넘어가자! 72

## 5. 뇌의 질병

뇌가 아파요 76

TIP 요건 몰랐지? 뇌에 좋은 음식 83

뇌가 보여요 84

TIP 요건 몰랐지? 컴퓨터, 뇌를 흉내 내다 87

Q&A 꼭 알고 넘어가자! 88

## 6. 호르몬

생물과 무생물 92

호르몬은 무엇일까요? 94

TIP 요건 몰랐지? 호르몬의 발견 97

다양한 호르몬 98

TIP 요건 몰랐지? 페로몬 101

적당히 필요한 호르몬 102

우리 몸의 항상성 105

TIP 요건 몰랐지? 식물도 호르몬이 있어요 109

Q&A 꼭 알고 넘어가자! 110

**관련 교과**
초등 3학년 2학기  2. 동물의 세계
중학교 2학년  4. 소화와 순환
중학교 3학년  2. 일과 에너지

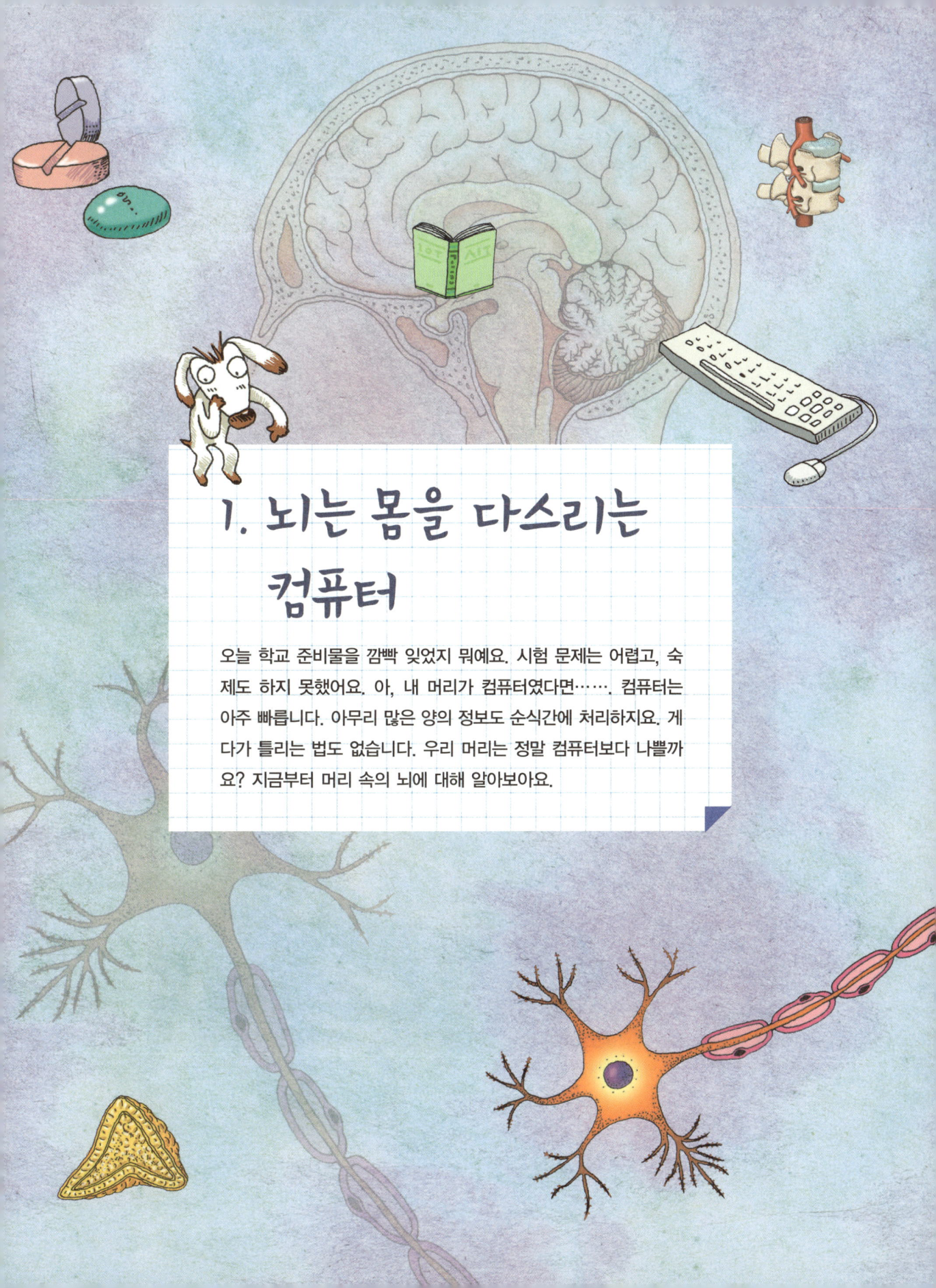

# 1. 뇌는 몸을 다스리는 컴퓨터

오늘 학교 준비물을 깜빡 잊었지 뭐예요. 시험 문제는 어렵고, 숙제도 하지 못했어요. 아, 내 머리가 컴퓨터였다면……. 컴퓨터는 아주 빠릅니다. 아무리 많은 양의 정보도 순식간에 처리하지요. 게다가 틀리는 법도 없습니다. 우리 머리는 정말 컴퓨터보다 나쁠까요? 지금부터 머리 속의 뇌에 대해 알아보아요.

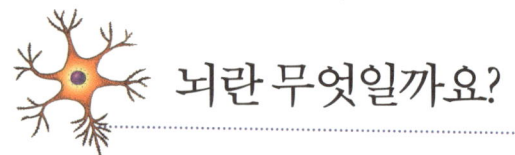

## 뇌란 무엇일까요?

머리 속에는 뇌가 들어 있어요. 젤리처럼 말랑말랑한 뇌는 연한 분홍색입니다. 뇌는 매우 부드럽고 연해서 단단한 머리뼈가 보호하고 있지요. 머리뼈 속에는 세 겹의 뇌막과 뇌척수액이라 불리는 액체가 채워져 있습니다. 그래서 외부로부터 충격을 받아도 그 충격을 흡수하여 뇌를 보호할 수 있습니다.

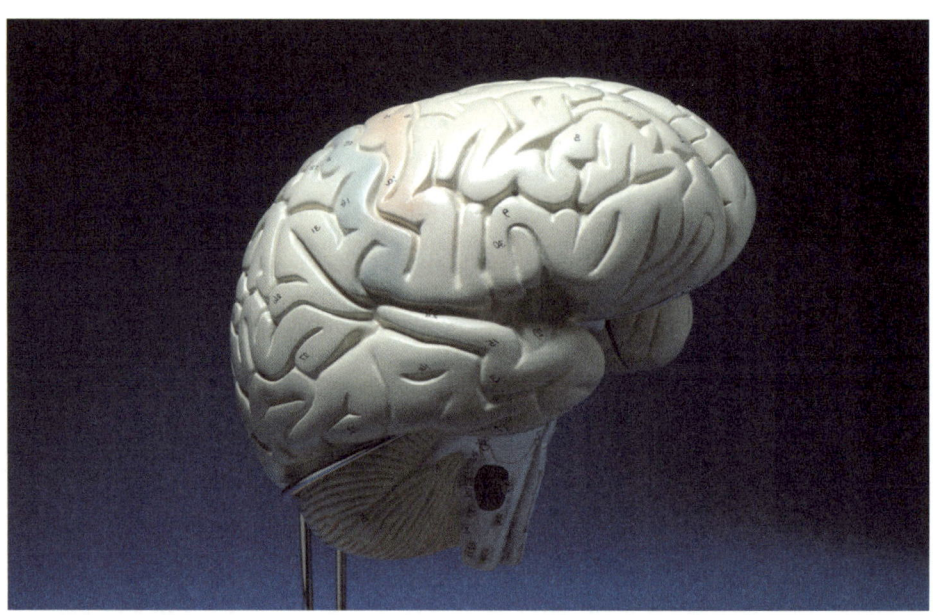

플라스틱으로 만든 뇌 모형. 뇌는 일정한 크기 안에 많은 세포를 간직하기 위해 주름이 잡힌 모양으로 되어 있다.

이렇게 연약한 뇌는 쭈글쭈글한 주름이 매우 많습니다. 마치 호두처럼 생겼지요. 뇌의 주름을 펴서 전부 펼쳐 놓으면 에이포 용지 네 장 또는 신문지 한 면의 크기가 된답니다.

뇌는 왜 이렇게 주름이 많을까요? 그 까닭은 수많은 세포들을 우리의 머리 속에 집어넣기 위해서입니다. 뇌는 많은 정보를 정리해야 합니다. 많은 정보를 처리하기 위해서는 세포들을 많이 간직해야 하지요. 정해진 크기 안에 많은 세포를 담아 두기 위해서 쭈글쭈글 접힌 모습으로 자리를 차지하고 있답니다.

주름이 잡혀 있는 모양이 어째서 많은 세포를 담을 수 있을까요? 수건을 생각해 보면 이해하기 쉽습니다. 수건에는 짧은 올들이 촘촘하게 엮여 있습니다. 표면적을 넓게 해서 물을 빨리 그리고 많이 흡수하기 위해서입니다. 뇌의 주름도 표면적을 넓혀 주는 효과가 있습니다. 정해진 공간 안에서 표면적을 넓히기 위해 쭈글쭈글 주름이 잡힌 모양을 하게 됩니다. 덕분에 뇌에 많은 세포를 담아 둘 수 있습니다.

이러한 주름진 뇌의 무게는 얼마일까요? 여자 어른이 1,250g, 남자 어른이 1,400g 정도라고 합니다. 이와 같이 사람 전체 무게에서 머리는 겨우 1.4kg 정도밖에 차지하지 않지만 뇌가 다치면 사람은 치명적인 손상을 입게 되지요.

이 뇌에 대해서 더 자세히 알아볼까요?

**표면적**

물체 겉면의 넓이를 뜻합니다. 그래서 '겉넓이'라고도 부릅니다. 주름 없이 평평한 표면적보다 주름이 있는 표면적이 더 넓기 때문에 뇌는 주름진 모양으로 되어 있습니다.

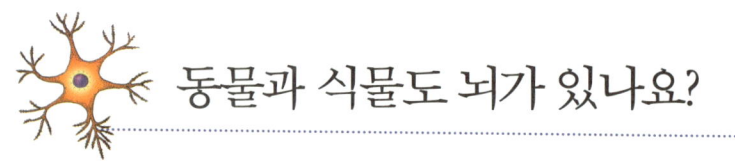 동물과 식물도 뇌가 있나요?

사람 이외의 다른 동물도 뇌를 가지고 있을까요? 강아지나 고양이, 원숭이, 또는 거대한 코끼리 같은 동물들은 뇌가 있다고 쉽게 추측할 수 있습니다. 하지만 모기나 파리 같은 작은 곤충들은 어떨까요? 꾸물거리는 지렁이도 뇌를 가지고 있을까요? 만약 뇌를 가지고 있다면 이 동물들의 뇌는 몸의 어느 부분에 있을까요?

### 여러 동물의 뇌

동물은 뇌를 가지고 있습니다. 동물이 몸을 움직일 수 있는 것은 뇌의 명령이 신경을 통해 몸의 각 부분으로 전달되기 때문입니다. 신경은 실보다 더 가느다란 줄 모양으로 되어 있습니다. 그리고 그물처럼 온몸에 퍼져서 뇌와 연결되어 있답니다. 동물이 몸에서 일어나는 변화를 알아차리기 위해서도 신경이 필요합니다. 동물이란 말의 뜻을 그대로 풀어 보면 움직일 수 있는 생물이라는 뜻입니다. 생물이 몸을 움직이기 위해서는 뇌와 뇌를 도와주는 신경이 필요하므로 동물도 당연히 뇌를 가지고 있겠지요?

그런데 뇌가 발달한 정도는 동물마다 다릅니다. 동물에 따라서는 따로 뇌가 없고, 뇌의 역할을 하는 다른 부분이 발달한 동물도 있습니다. 산호는 식물이 아니라 동물이지만 근육과 신경이 거의 없기 때문에 뇌도 없어요.

◀ 산호. 산호는 식물이 아니라 동물이지만 신경과 근육이 거의 없다.
▶ 해파리. 주로 해류에 따라 바다를 부유하며 사는 해파리는 몸에 분포된 신경이 뇌 역할을 한다.

해파리 역시 뇌가 없고, 간단한 근육을 움직일 정도의 신경이 뇌 역할을 합니다. 해파리의 신경처럼 몸 전체에 산만하게 분포된 신경을 산만 신경계라고 부릅니다.

지렁이는 신경을 이루는 세포 집단이 있어서, 이것이 뇌 역할을 합니다. 이 집단을 신경절이라고 합니다. 지렁이의 몸은 수많은 마디로 되어 있는데, 몸의 각 마디마다 신경절이 있어서 그 마디를 담당합니다. 지렁이처럼 몸의 앞뒤와 좌우로 사다리처럼 퍼져 있는 신경을 사다리형 신경계라고 부릅니다. 이 신경절 중 몸의 앞부분에 가장 많이 발달되어 있는 것을 뇌라고도 합니다. 이 부분의 신경절이 몸 전체를 지배하기 때문입니다. 사다리형 신경계는 등보다 배에 가까이 있습니다. 그래서 한자로 배 복(腹) 자를 써서 복수라고도 합니다.

물고기, 개구리, 도마뱀, 새 그리고 사자와 같은 동물들은 등 쪽에 큰 뼈가 있습니다. 그래서 이것을 한자로 등마루 척(脊) 자를 써서 척추라 부르고, 이 등뼈 속에 있는 신경을 척수라고 부릅니다.

## 감각기관

인간에게는 앞을 볼 수 있는 시각, 냄새를 맡는 후각, 소리를 듣는 청각, 맛을 보는 미각, 피부로 물체를 느끼는 촉각 등의 감각이 있습니다. 감각기관이란 동물이 외부의 자극을 시각, 후각, 청각 등의 감각으로 받아들이는 기관을 말합니다. 눈, 귀, 코 등이 모두 감각기관입니다.

## 식물의 뇌

동물에게는 있는 뇌가 왜 식물에게는 없을까요? 동물은 여러 가지 감각기관이 있습니다. 그리고 근육을 움직이면서 살아가지요. 하지만 식물은 동물과 같은 감각기관이 없고, 근육도 없습니다. 그래서 그것들을 다스리기 위한 뇌도 필요 없답니다.

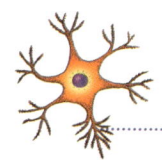
# 머리가 좋다는 것은 어떤 뜻일까요?

### 뇌의 주름과 지능

우리는 흔히 어떤 사람을 가리켜 머리가 좋다는 말을 많이 합니다. 도대체 머리가 좋다는 것은 무슨 뜻일까요? 뇌에는 많은 세포와 정보를 담기 위해 주름이 있다고 했습니다. 그렇다면 주름이 많으면 머리가 좋을까요?

모든 동물의 뇌에 똑같이 주름이 많지는 않습니다. 쥐는 주름이 없고, 침팬지와 사람은 비슷하기는 하지만 사람의 뇌가 주름이 더 많아요. 그러면 뇌의 주름이 많을수록 머리가 좋다는 말이 맞는 듯합니다. 그런데 돌고래는 사람보다 더 많은 주름을 가지고 있습니다. 만약 주름이 많을수록 머리가 좋다면 돌고래가 사람보다 머리가 좋아야 합니다. 하지만 그렇지 않다는 사실을 여러분도 알고 있겠지요? 뇌의 주름이 많다고 반드시 머리가 더 좋지는 않습니다.

### 뇌의 크기와 지능

뇌가 크면 머리가 좋을까요? 뇌의 평균 무게는 남자가 1,400g, 여자가 1,250g 정도입니다. 뇌의 무게는 남자가 여자보다 평균적으로 더 무겁습니다. 그렇다면 남자가 여자보다 머리가 좋을까요? 뇌가 무겁다고 머리가 좋다고 할 수는 없습니다. 돌고래의 뇌는 사람의 뇌보다 훨씬 무겁습니다.

### 네안데르탈인

현재의 인류와 유인원의 중간 정도 모습을 지닌 화석인류입니다. 약 35만 년 전에 처음 나타났고, 유럽에서는 약 3만 년 전까지 존재했다고 합니다. 독일의 네안데르 계곡에서 화석이 처음 발견되어 네안데르탈인이라는 이름이 붙었답니다.

그렇다면 돌고래가 사람보다 머리가 훨씬 좋다는 뜻인데, 실제로는 그렇지 않습니다.

일단 머리가 좋다는 것은 뇌의 무게와 몸무게를 비교했을 때, 뇌의 무게가 차지하는 비율이 크다는 뜻입니다. 몸에서 뇌가 차지하는 비율이 크다는 것은 뇌가 발달한 동물이라는 것을 의미합니다. 실제로, 가장 머리가 좋았던 사람 중 하나로 알려진 알베르트 아인슈타인의 뇌는 인류의 조상 중 하나인 '네안데르탈인'의 뇌보다 더 작다고 합니다.

그리고 몸에서 뇌의 비율이 커야 할 뿐만 아니라, 뇌를 이루는 신경세포들이 치밀하게 구성되고 잘 연결되어 있어야 머리가 좋다고 할 수 있습니다. 그래야 많은 양의 정보를 정확하고 빠르게 처리할 수 있으니까요.

# 지능이란 무엇일까요?

지능이란, 보통 어떤 일이 생겼을 때 문제를 해결할 수 있는 능력을 말합니다. 이 지능은 학자에 따라 다르게 설명하지요. 이전에는 지능지수를 나타내는 IQ를 강조했는데, IQ는 사람의 능력 중 일부분만을 숫자로 나타낸 것이어서 요즘은 다양한 능력을 검사합니다.

미국의 유명한 교육심리학자인 하워드 가드너에 따르면 사람의 지능은 한 가지만이 아니라, 논리 수학적인 능력, 언어 능력, 공간 능력, 신체 운동 능력, 음악, 대인 관계, 자기 이해, 자연 탐구 능력 등 여덟 가지가 있다고 합니다. 사람은 여덟 가지 능력을 모두 가지고 있는데 가드너는 그중에서 특히 발달한 것으로 그 사람의 지능을 평가합니다.

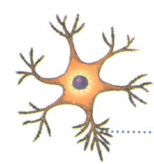
# 움직이지 않아도 뇌는 일해요

### 물질대사

생물체가 살아가기 위해서는 에너지가 필요합니다. 그리고 그 에너지는 외부에서 얻는답니다. 하지만 외부에서 얻은 에너지원을 그대로 사용할 수는 없습니다. 생물체가 쓸 수 있는 형태로 바꾸어야 하지요. 생물체가 외부에서 섭취한 영양 물질을 몸 안에서 분해하고, 합성하여 생명 활동에 쓸 수 있는 물질이나 에너지로 만드는 것을 물질대사라고 합니다.

### 쉬지 않고 일하는 뇌

공부하고, 생각할 때만 뇌가 필요하지는 않습니다. 보고, 듣고, 먹고, 냄새 맡고, 만지는 일 모두 뇌가 있기 때문에 할 수 있습니다. 심장이 뛰고 숨 쉬는 것도 뇌가 쉬지 않고 일하기 때문이랍니다.

뇌에서 일어나는 물질대사는 몸의 다른 어느 부분보다도 왕성합니다. 뇌가 쉼 없이 일하는 데에 많은 양의 산소와 영양소가 끊임없이 필요하기 때문입니다. 성인의 뇌가 차지하는 무게는 몸무게의 2.5% 정도이지만, 뇌에 흐르는 혈액은 우리 몸에 흐르는 전체 혈액의 20%나 차지합니다. 뇌가 얼마나 많이 먹고 열심히 일하는지 짐작이 되지요?

운동할 때처럼 몸을 많이 움직이면 에너지를 많이 소비해서 금방 배가 고파진다는 것을 알고 있나요? 그런데 가만히 앉아서 공부만 해도 배가 고파집니다. 움직이지도 않고 가만히 있는데 왜 배가 고플까요? 그것은 몸을 움직이지 않아도 뇌가 계속 일하기 때문입니다. 뇌는 전체 혈액의 5분의 1을 사용해서 일을 합니다. 뇌에서는 생각을 하기 위해 많은 양의 양분과 산

소를 소비한답니다. 따라서 뇌를 많이 사용할수록 많은 영양소와 산소가 소모됩니다.

### 식곤증과 뇌

식곤증은 식사 후에 졸음이 오는 증상입니다. 식곤증의 원인에는 여러 가지가 있지만 뇌와 관련된 것도 있습니다. 식사를 하게 되면 소화기관에서는 소화를 시키기 위해 활발히 운동한답니다. 그러면 더 많은 양의 산소와 에너지가 음식물을 소화시키기 위해 소화기관으로 이동하기 때문에 뇌도 영향을 받게 됩니다. 그래서 일부 사람들은 식사 후에 졸음을 느낀답니다.

 꼭 알고 넘어가자!

**문제 1** 인간의 뇌는 연한 분홍색이고, 쭈글쭈글 주름이 잡힌 모양입니다. 뇌에는 왜 주름이 있을까요?

**문제 2** 보통 동물들은 뇌를 가지고 있지만 식물은 뇌가 없습니다. 그 이유는 무엇일까요?

3. 뇌의 무게에 비례했을 때 뇌의 무게가 가장 무거운 동물이 머리가 좋다고 알려졌습니다. 그래서 아니라 이들의 신경세포들이 치밀하게 구성되어 있어야 머리가 좋게 될 수 있습니다. 뇌가 크는 것이 두개골 안에 잘 들어갈 수 있도록 진화되면서 빼곡하게 차 있습니다.

**문제 3** 흔히 머리가 '좋다', '나쁘다'라는 말을 많이 합니다. 머리가 좋으려면 뇌는 어떤 특징들을 가지고 있어야 할까요?

**정답**

1. 뇌 신경세포인 뉴런이 많아야 합니다. 뉴런이 많을수록 정보를 받아들이고 처리하는 양이 많아집니다. 즉, 정보의 입출력을 담당해 주는 뉴런이 많아야 두뇌 활동이 원활해집니다. 또 뉴런들의 연결이 이루어져야 하는데 이를 위해서는 잘 발달된 시냅스가 있어야 합니다.

2. 뉴런들 사이의 연결이 많아야 합니다. 그리고 뉴런들이 움직여서 시냅스 연결을 잘 만들어야 합니다. 하지만 필요없어진 시냅스 연결과 움직임이 적은 뉴런들은 가지치기를 하여 움직임이 없도록 해야합니다. 그래야 근육과 마찬가지로 단련되고 강한 두뇌가 될 수 있습니다.

**관련 교과**
중학교 2학년  4. 소화와 순환
중학교 2학년  7. 호흡과 배설
중학교 3학년  8. 유전과 진화

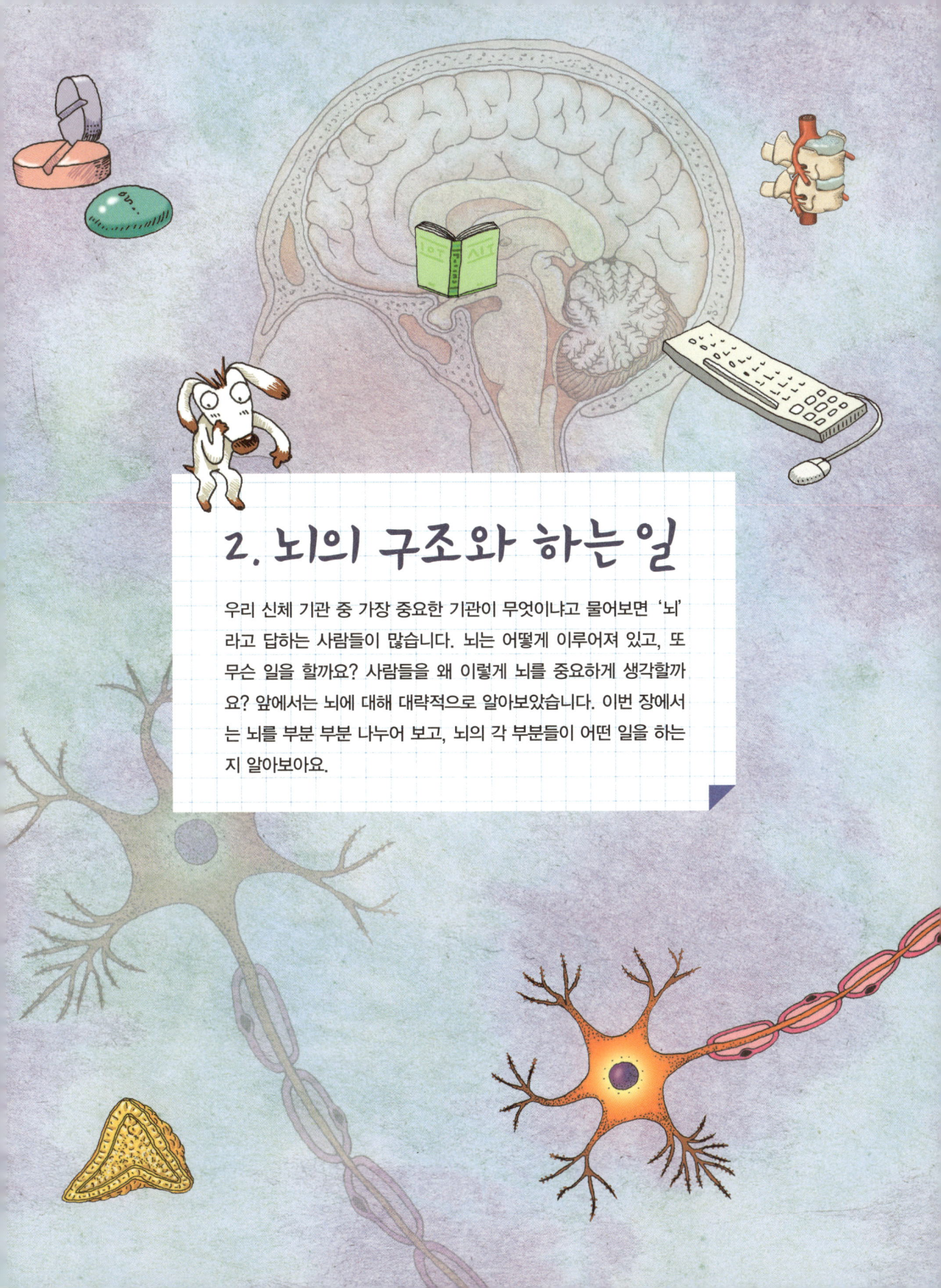

# 2. 뇌의 구조와 하는 일

우리 신체 기관 중 가장 중요한 기관이 무엇이냐고 물어보면 '뇌'라고 답하는 사람들이 많습니다. 뇌는 어떻게 이루어져 있고, 또 무슨 일을 할까요? 사람들은 왜 이렇게 뇌를 중요하게 생각할까요? 앞에서는 뇌에 대해 대략적으로 알아보았습니다. 이번 장에서는 뇌를 부분 부분 나누어 보고, 뇌의 각 부분들이 어떤 일을 하는지 알아보아요.

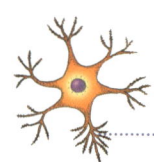
# 대뇌는 생각하고 판단해요

 사람의 뇌는 하나가 아니에요. 사람의 뇌는 구조와 하는 일에 따라 나눌 수 있어요. 사람의 뇌는 크게 대뇌, 소뇌, 뇌간(뇌줄기)으로 나눌 수 있습니다. 여기에서 다시 대뇌는 좌우 반구인 좌뇌와 우뇌, 그리고 그 사이에 있는 간뇌로 나눌 수 있어요. 또 뇌간은 중뇌와 연수로 나눌 수 있지요. 가장 먼저 대뇌에 대해 알아봅시다.

■ 뇌의 구조

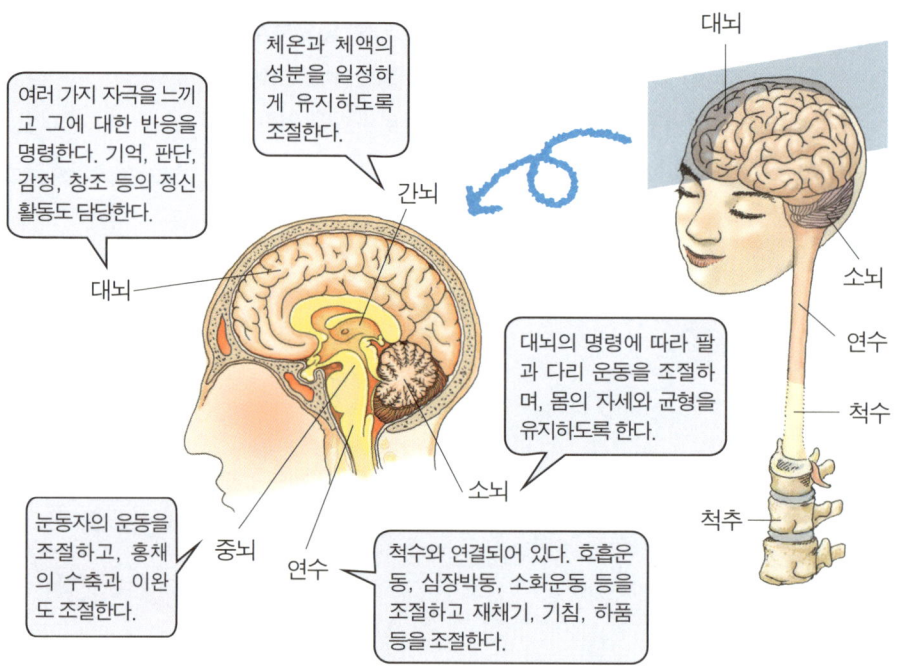

### 좌뇌와 우뇌

대뇌는 생각하고, 판단하고, 기억하는 일을 담당하고 있습니다. 그리고 감정을 조절하는 일도 맡지요. 그림을 보면 대뇌는 크게 두 개의 반구로 되어 있습니다. 왼쪽에 있는 좌뇌는 몸의 오른쪽을, 오른쪽에 있는 우뇌는 몸의 왼쪽을 담당한답니다. 좌뇌와 우뇌 중 어느 쪽 뇌를 잘 쓰느냐에 따라 사람마다 잘하는 것에 차이가 생깁니다.

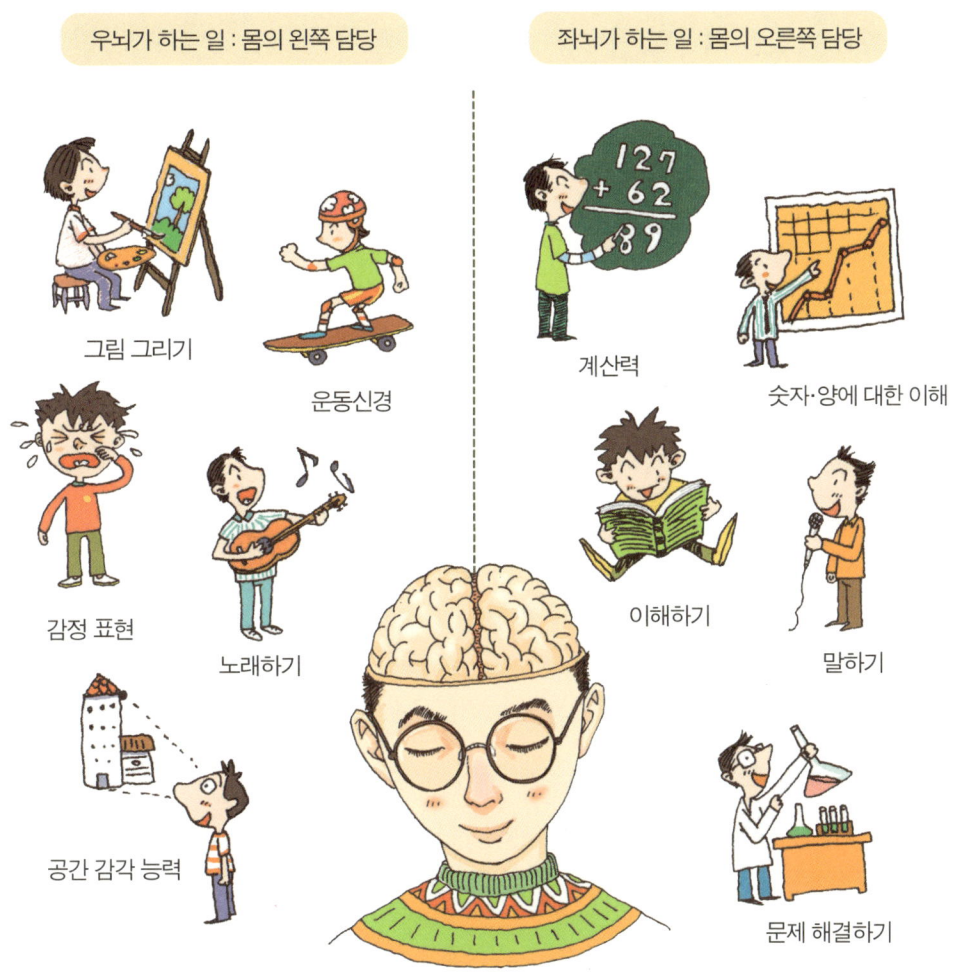

좌뇌와 우뇌는 서로 완전히 갈라져 있지는 않습니다. 좌뇌와 우뇌를 연결하는 다리와 같은 부분이 있는데, 이곳을 뇌량이라고 합니다. 뇌량은 '뇌에 있는 다리'라는 뜻이에요. 뇌량을 통해서 좌뇌와 우뇌가 서로의 정보를 공유합니다.

사람의 대뇌는 다른 동물들보다 5~10배 정도 큽니다. 특히, 대뇌의 피질이 매우 발달하여서 주름이 많지요. 또한 몸에서 뇌가 차지하는 비중도 매우 크고, 좌뇌와 우뇌를 연결하는 뇌량이 다른 동물보다 매우 발달되어 있답니다.

만약, 뇌량이 없다면 어떻게 될까요? 심한 뇌전증(간질)을 앓던 한 환자가 뇌량을 잘라 내는 수술을 받았습니다. 그 후 환자는 왼손으로 만지는 물건이 무엇인지 말하지 못하는 증세를 보였습니다. 이것은 우뇌가 받아들인 왼손의 정보를 좌뇌의 언어 영역이 알아차리지 못하기 때문입니다. 실제로 뇌량이 없어진다면, 우리의 뇌는 다른 쪽 뇌가 하는 일을 알아차리지 못해서 골치를 앓게 될 것입니다.

## 남자와 여자의 대뇌

남자와 여자는 서로 잘하는 일이 다릅니다. 대체로 남자는 여러 가지 일을 동시에 잘하지는 못하지만 한 가지 일에 잘 집중하고, 수학과 논리적 문제를 잘 풉니다. 공간 감각도 뛰어나서 길을 찾을 때에는 방향과 거리를 잘 짐작하지요. 대체로 여자는 여러 가지 일을 동시에 할 수 있습니다. 말을 할 때에도 많은 단어를 사용하여 자신의 생각을 풍부하게 잘 표현합니다. 말의 의미나 행동의 원인을 잘 파악하고 직관력도 뛰어납니다. 그러면 이런 특징도 뇌와 관련이 있을까요?

예전에는 남자는 좌뇌를, 여자는 우뇌를 주로 쓴다고 믿었습니다. 이런 생

예전에는 남자는 좌뇌를, 여자는 우뇌를 주로 쓴다고 생각했지만, 최근에는 남녀의 차이가 아닌 개인의 차이로 보고 있다. 실제로 음악은 주로 우뇌가 담당하지만 남자 중에도 훌륭한 음악가가 많다.

각이 널리 받아들여졌던 이유는 사회적인 분위기가 남자는 좌뇌, 여자는 우뇌를 쓴다는 생각이 많았기 때문입니다. 하지만 지금은 다르게 받아들이고 있습니다. 남자들 중에도 훌륭한 예술가, 뛰어난 요리사, 유명한 디자이너가 많고 여자들 중에도 뛰어난 비행사, 유명한 과학자가 많습니다. 최근에는 남자와 여자의 차이라기보다는 좌뇌형 사람, 우뇌형 사람이라는 개인의 차이로 설명합니다.

하지만 남자와 여자의 뇌는 부위에 따라 약간의 차이는 있습니다. 한 예로 뇌량이라는 곳은 여자가 남자보다 훨씬 두껍습니다. 그래서 여자는 좌뇌와 우뇌를 함께 사용하여 동시에 여러 가지 일을 잘할 수 있습니다. 엄마와 아빠의 말싸움에서 늘 엄마가 이기는 것도 바로 이 뇌량이 발달했기 때문입니다. 뇌량이 발달하면, 좌우 뇌가 동시에 협력하여 여러 가지 일을 처리해 낼 수 있답니다.

### 대뇌의 구조

대뇌는 위치에 따라 전두엽·두정엽·후두엽·측두엽으로, 기능에 따라 연

■ 대뇌의 구조

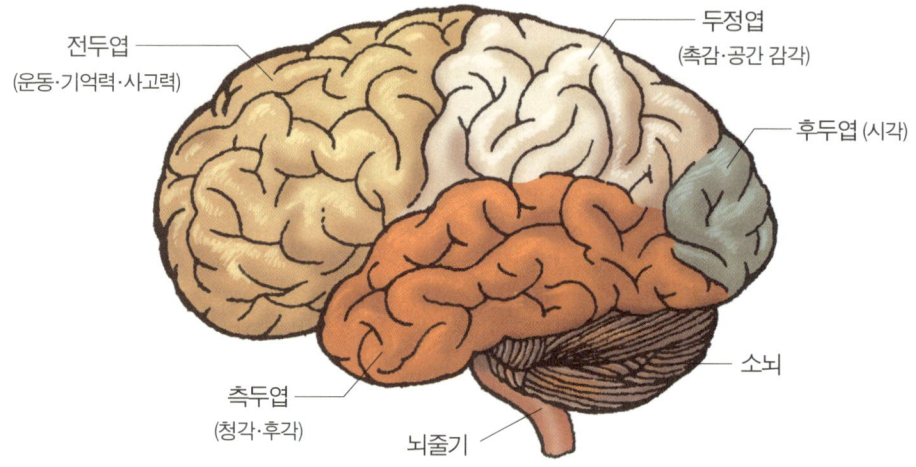

합령·운동령·감각령으로 나눕니다. 이 중 학습에 가장 중요한 역할을 하는 부분은 전두엽에 있는 전두연합령이라는 부분입니다.

　대뇌는 또한 기능에 따라 대뇌피질, 대뇌변연계, 기저핵으로도 나눌 수 있습니다. 대뇌피질은 뇌 중에서 가장 복잡하게 생각하는 곳입니다. 그래서 다른 동물은 대뇌피질이 잘 발달되어 있지 않습니다. 대뇌변연계는 대뇌의 안쪽에 있습니다. 냄새를 맡거나, 감정을 느끼는 것 그리고 동물과 같은 본능을 담당합니다. 좋아하고 싫어하는 마음도 대뇌변연계에서 정합니다. 해마와 편도체가 바로 여기에 있지요. 해마는 기억과 학습을 담당하고, 편도체는 감정을 조절한답니다. 기저핵은 대뇌반구의 안쪽과 밑면에 해당하는 부위를 말해요. 종족을 유지하고, 대를 잇기 위해 필요한 본능과 직접적인 관계가 있습니다.

### 간뇌

간뇌는 대뇌의 양쪽 반구 사이에 끼어 있어서 겉으로는 보이지 않는 부분입니다. 간뇌는 시상, 시상하부, 뇌하수체로 되어 있어요.

시상은 눈, 코, 입에서 느끼는 감각을 대뇌로 보내 주는 일을 합니다. 시상하부는 체온을 유지하거나 우리 피 속에 있는 포도당의 양을 일정한 수준에서 유지해 줍니다. 또, 오줌을 통해 나가는 물의 양을 조절해서 우리 몸 안에 적당한 양의 물이 들어 있도록 해 주지요. 이렇게 몸이 어떤 수준을 유지하도록 하는 것을 '항상성'이라고 합니다. 시상하부는 바로 항상성을 담당합니다.

뇌하수체는 시상하부의 아래쪽에 있습니다. 뇌하수체에서는 호르몬을 분비하여 우리 몸이 건강하고 안정된 상태를 유지하도록 한답니다.

### 항상성

외부 환경에 따라 몸 상태가 쉽게 변한다면 우리는 생활하기가 힘들 것입니다. 차가운 물을 마시면 체온이 내려가 시원한 물도 마음 놓고 마실 수 없겠지요. 그래서 우리 몸은 외부 환경에 관계없이 내부 상태를 일정하게 유지하려는 성질을 가지고 있어요. 그러한 성질을 항상성이라고 합니다.

# 외계인 손 증후군

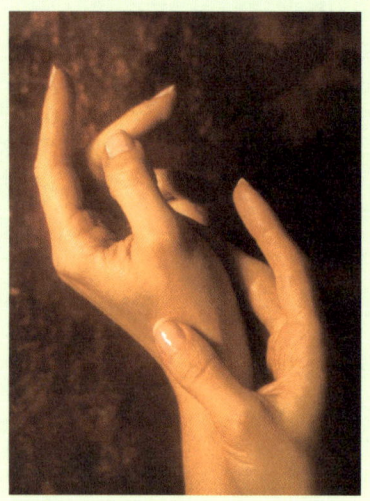

외계인 손 증후군은 한 손이 다른 손을 방해하는 등의 증상을 말한다.

한 손이 자기의 의지와 상관없이 움직이는 증상을 말합니다. 한 손이 다른 손과 협조하지 않거나, 움직이려고 해도 움직이지 않습니다. 심지어 다른 손을 방해하고 자신을 잡아 뜯거나 꼬집는 등 공격적인 행동을 하기도 합니다. 이런 증상의 움직임은 무의미한 반복 운동이 아니라 마치 어떤 목적을 지니고 있는 움직임처럼 보이기도 합니다.

이 증상은 드물게 나타나는 신경학적 증상인데, 외상, 뇌경색, 뇌출혈, 동맥류 출혈, 뇌종양, 바이러스 감염 등 여러 가지 원인에 의해 발생할 수 있다고 알려져 있습니다. 그중에서도 특히 뇌량 손상이 잘 알려진 원인입니다. 뇌량은 앞에서 말했듯이 좌뇌와 우뇌를 연결해 주는 부분입니다. 뇌량에 손상을 입을 경우 뇌의 양쪽 반구의 소통과 협조가 어려워지는데, 이때 외계인 손 증후군이 나타날 수 있습니다. 실제로 심한 뇌전증 환자들의 경우 뇌량 절제 수술을 받기도 하는데, 이 환자들 중 일부에서 외계인 손 증후군이 나타났다고 합니다.

검사 방법으로는 자기공명영상을 찍어서 뇌의 손상을 알아보는 방법이 있습니다. 자기공명영상 등으로 뇌를 검사하고 원인을 찾아내면, 그 원인에 따른 치료 방법을 쓸 수 있습니다. 하지만 아직 명확한 원인이나 치료 방법은 알려지지 않은 상태여서 많은 사람이 고통 받고 있습니다.

# 조건반사와 무조건반사

위급한 상황이 닥치면 우리 몸은 빠르고 지혜롭게 대처하는 능력이 있습니다. 그중 하나가 바로 몸의 반사작용입니다.

이 반사작용은 대뇌가 관련하느냐 관련하지 않느냐에 따라서 두 종류로 나뉩니다. 먼저 대뇌가 관여하는 반사를 조건반사라고 하고, 관여하지 않는 반사를 무조건반사라고 합니다.

조건반사는 대뇌가 간직한 기억에 따라서 신속하게 대처하는 행동입니다. 반대로 무조건반사는 대뇌와 상관없이 생명을 보호하기 위해 즉각적·본능적으로 나오는 행동이지요.

예를 들면, 음식을 먹을 때 침이 분비되는 것은 소화를 위한 몸의 본능적인 반응이므로 무조건반사입니다. 하지만 신 귤을 보거나 짜장면 냄새를 맡을 때 입에 침이 고이는 것은 그 음식에 대해 가지고 있는 기억을 대뇌가 떠올렸기 때문에 나타나는 반응이지요. 이와 같은 반응은 조건반사라고 합니다.

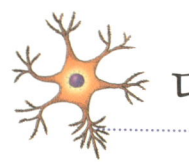
# 다른 뇌들도 일해요

### 소뇌

소뇌는 대뇌 아래쪽과 중뇌의 뒤쪽에 있습니다. 몸이 평형을 유지하도록 하고, 근육이 하는 운동을 조절해 줍니다. 몸이 기울어질 때 똑바로 세워 균형을 잡을 수 있는 것은 바로 소뇌 덕분이지요. 하지만 모든 운동을 소뇌가 맡아 감독하지는 않습니다. 우리 몸의 운동을 최종으로 관리하고 감독하는 곳은 대뇌피질에 있는 운동령이라는 곳입니다. 또, 외부에 변화가 생겼을 때 우리 몸을 신속하게 보호하기 위해서 즉각적인 행동이 일어나는데, 연수·척수 등에서 이런 행동을 담당합니다. 이렇게 외부 자극에 대해 즉각적으로 반응하는 것을 '반사'라고 한답니다.

### 중뇌

앞에서 뇌는 크게 대뇌, 소뇌, 뇌간으로 나눌 수 있고, 뇌간은 다시 중뇌와 연수로 나눌 수 있

소뇌는 몸의 균형을 유지하고, 운동을 조절한다.

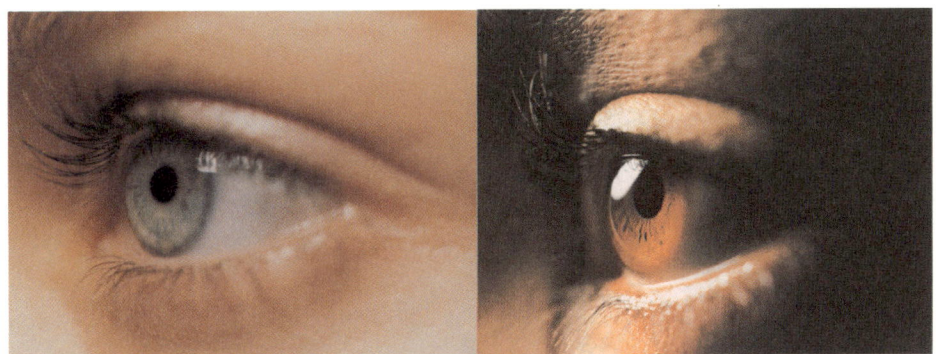

사람의 눈은 밝은 곳에서는 동공이 작아지고, 어두운 곳에서는 동공이 커진다. 이것은 중뇌가 눈으로 들어오는 빛의 양을 조절하기 때문이다.

다고 했습니다. 뇌간은 뇌줄기라는 뜻으로서, 뇌의 몇 부분을 묶어서 부르는 부분입니다. 뇌의 가장 안쪽에서 뇌와 척수를 이어 주는 부분인데, 대뇌와 소뇌를 제외한 나머지 부분인 중뇌·뇌교·연수를 포함합니다.

중뇌는 뇌간의 윗부분에 해당하고, 간뇌의 바로 아래 있답니다. 중뇌는 눈의 움직임과 같은 시각을 담당해요. 예를 들면, 빛의 양을 조절하도록 눈에 있는 동공의 크기를 조절하거나, 거리에 따라 눈에 있는 수정체의 두께를 조절해서 초점을 맞추게 한답니다. 중뇌는 또한 청각과도 관련되어 있습니다. 귀에서 들어온 신호는 이곳을 한 번 거쳐 대뇌로 향합니다.

### 연수

뇌는 생각뿐 아니라 생명을 유지하는 일도 해야 합니다. 뇌간이 바로 그러한 일들을 담당합니다. 연수는 뇌간에 속합니다. 대뇌와 척수를 연결하는 부분인데, '숨골'이라고도 부른답니다. 연수는 대뇌와는 상관없이 자신이 맡은 일을 합니다. 심장박동, 호흡, 소화와 같은 생명 유지와 관련된 일을 하지요. 만약 이와 같은 일들을 대뇌의 명령을 받아서 한다면 우리는 편

연수는 우리 몸의 소화작용과 관련된 일을 하고 있는데, 특히 입안 침샘의 침 분비와 연관이 있다. 침에는 아밀라아제와 같은 소화효소가 포함되어 있다.

히 잠을 잘 수도 없을 거예요. 뇌가 쉴 새 없이 그와 관련된 명령을 내려야 하니까요. 연수가 알아서 호흡, 소화, 심장박동 같은 일을 해 주기 때문에 편안히 잠을 잘 수 있습니다.

## 뇌도 진화해요

　미국의 한 과학자는 배 속에 있는 태아의 뇌가 발생하는 과정이 동물의 뇌가 발달해 온 과정과 같다는 사실을 발견했습니다.

　엄마 배 속에서 태아의 뇌는 안쪽에서 바깥쪽으로 발달합니다. 따라서 가장 안쪽에 있는 뇌간이 발달하고, 다음으로 대뇌변연계와 신피질이 발달합니다.

　뇌의 가장 안쪽에 있는 뇌간은 파충류에서 발견되기 때문에 '파충류의 뇌'라고 부릅니다. 이 뇌간이 생명을 유지하는 역할을 합니다. 뇌간을 둘러싸고 있는 대뇌변연계는 포유류에서 발견된다고 해서 '포유류의 뇌'라고 부릅니다. 대뇌변연계에서는 기억하고 감정을 만드는 일을 담당합니다. 대뇌변연계의 바깥쪽에 있는 신피질이라는 부분은 포유류 중에서도 가장 발달한 포유류인 영장류에서 찾아볼 수 있기 때문에 '영장류의 뇌'라고 불립니다.

날개를 많이 움직여야 하는 조류는 소뇌가 발달했다. ⓒ Don DeBold@flickr.com

# 해마와 편도는 기억해요

기억이 없다면 우리는 아무 일도 할 수가 없습니다. 아주 짧은 순간의 것이라도 우리는 반드시 기억을 필요로 한답니다. 그런데 기억이 무엇인지 여러분은 알고 있나요?

기억은 시간에 따라 세 종류로 나눕니다. 즉시 기억, 단기 기억, 장기 기억입니다. 즉시 기억은 할 일을 마치면 바로 잊어버리는 기억이고, 단기 기억은 보통 15~20초 동안 기억되다가 불필요해지면 사라지는 기억입니다. 단기 기억은 바로 지금 생각하는 것을 뜻한다고 해서 작동 기억이라고도 합니다. 장기 기억은 몇 시간에서 몇 년 또는 평생까지 남는 기억입니다. 단기 기억과 장기 기억은 서로 관계가 있습니다. 단기 기억을 반복하면 장기 기억이 되니까요.

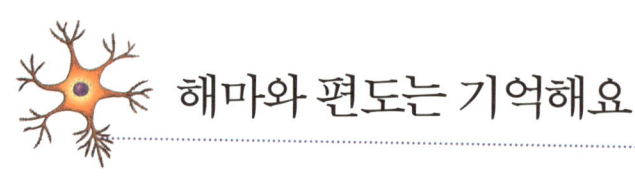

편도
(감정 조절)

해마
(기억 조절)

그런데 기억은 뇌 전체가 담당할까요? 뇌 속에는 기억을 만들고 저장하는 곳이 따로 있습니다. 바로 해마와 편도입니다. 뇌 속의 해마는 기억을 만들고 저장하는 일을 합니다. 바다 속에 사는 동물 해마와 비슷한 모양이라 하여 해마라 부른답니다. 과학자들이 쥐를 가지고 실험한 결과, 쥐가 새로운 것을 배울

때 뇌의 해마에서 뉴런(신경세포)이 배로 증가한다는 사실을 알아냈습니다. 해마에서 새로운 기억을 만들면, 해마는 그것을 혼자 간직하지 않고, 대뇌의 피질로 보내서 장기 기억이 되도록 합니다.

그런데, 시험공부를 하거나 사람들 앞에서 발표할 때 정답이 잘 생각나지 않는 이유는 왜일까요? 우리 몸이 스트레스를 받으면, 스트레스 호르몬인 세로토닌이 많이 나오기 때문입니다. 기억은 감정에도 영향을 받습니다. 해마가 기억을 조절한다면, 편도는 감정을 조절합니다. 편도는 좋음, 싫음, 무서움과 같은 감정과 관련이 있는 부위랍니다. "지금 공부를 할 수 없어!"라고 생각하면 그 정보는 해마에 기억되고, "공부는 정말 하기 싫어!"라고 생각하면 그 감정은 편도에 기억되지요. 기억을 잘하기 위해서는 즐거운 마음으로 하는 것도 중요합니다. 뇌의 해마와 함께 편도도 활발해지니까요.

문제 1. 대뇌는 좌뇌와 우뇌로 나뉘어 있고, 각각 하는 일도 다릅니다. 좌뇌와 우뇌는 어떤 일들을 맡고 있을까요?

문제 2. 반사작용에는 무조건반사와 조건반사 두 가지가 있습니다. 무조건반사와 조건반사에는 어떤 차이가 있을까요?

답이 되는 것은 대뇌가 왼쪽에 대한 기억을 가지고 있기 때문에 자동으로 나타나는 반응이며 조건반사입니다.

3. 침무를 받아들일 때 대뇌는 그것이 맛있는 기억인지 그렇지 않은 기억인지를 판단합니다. 그리고 대뇌는 맛있다고 생각이 들면 침샘을 자극하여 침을 흘리게 됩니다. 어떤 음식 냄새가 좋으면 침을 흘리는 것도 그런 이유에서입니다. 그리고 맛있는 음식을 볼 때에도 침이 많이 흘러나오게 됩니다.

**문제 3** 재미있고 즐겁게 공부하면 공부한 내용이 잘 기억나는데, 하기 싫은 공부를 하면 공부한 내용이 전혀 생각나지 않는 경우가 있습니다. 이유가 무엇일까요?

---

**정답**

1. 우리 몸이 건강할 때 공부합시다. 그리고 마음가짐이 중요합니다. 건강한 마음으로 즐겁게 공부합시다. 그러면 공부할 때 능률이 오릅니다. '쇠뿔도 단김에 빼라'는 말이 있습니다. 공부할 수 있는 좋은 때에 집중하여 공부를 해야 좋은 결과가 있기 때문입니다. 우리는 하기 싫은 시험, 하기 싫은 사람의 얼굴을 쉽게 잊어버리고 있습니다.

2. 조정신경과 부조정신경에 대사활동이 활발하게 왕성하느냐 나릅니다. 대사가 활발하면 저장이 잘 됩니다. 예를 들어, 음식을 먹을 때 맛있고 좋아하는 음식은 소화가 잘 되지만 맛없고 싫어하는 음식은 소화가 잘 되지 않아 배탈이 납니다. 공부도 마찬가지로 좋아하면 대뇌에 정확하게 저장되어 기억이 잘 되지만, 싫어하면 대뇌에 저장되지 않아 기억이 안 나는 것입니다.

**관련 교과**
**초등 3학년 2학기**  2. 동물의 세계
**중등 1학년**  7. 힘과 운동

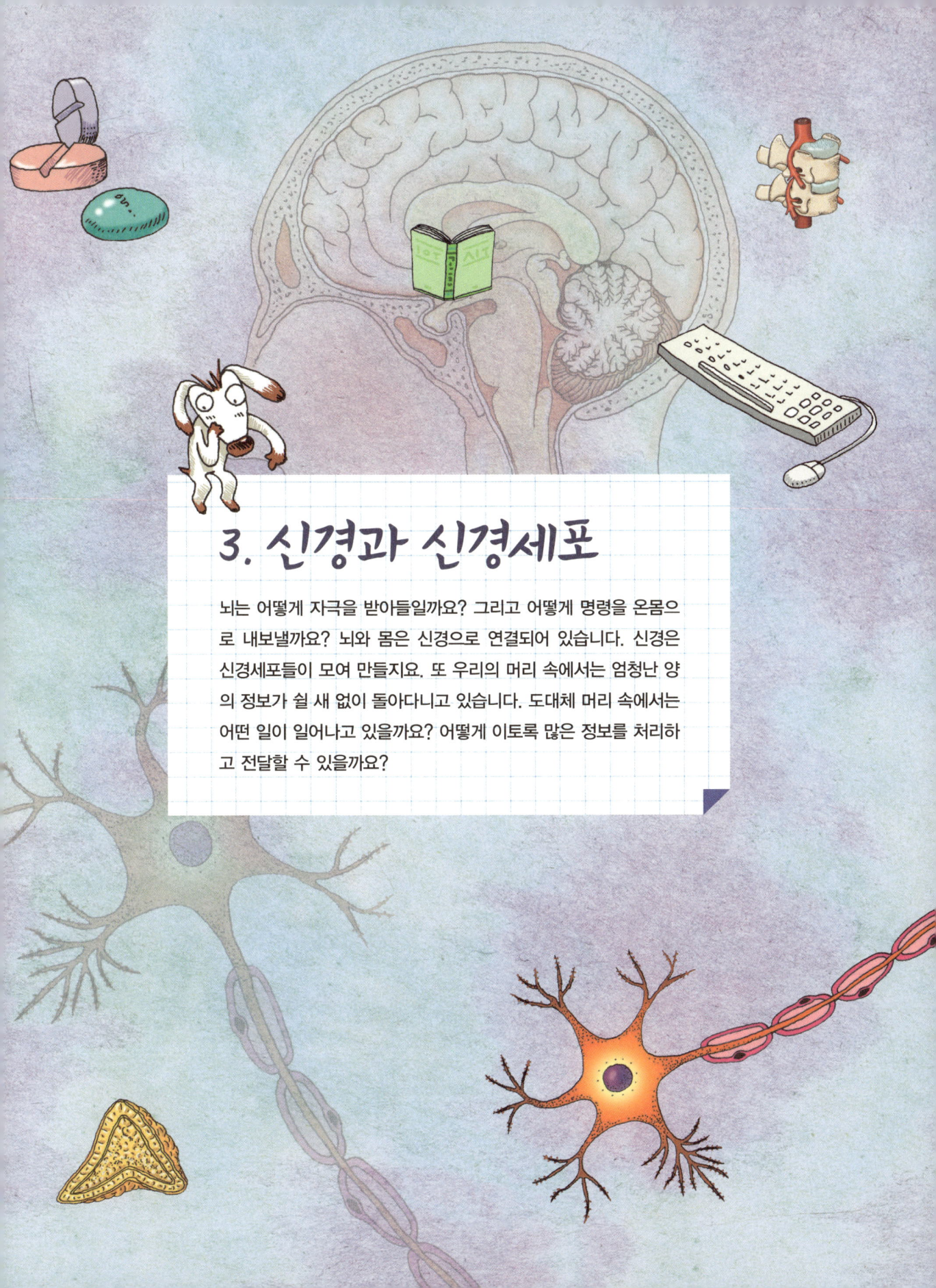

# 3. 신경과 신경세포

뇌는 어떻게 자극을 받아들일까요? 그리고 어떻게 명령을 온몸으로 내보낼까요? 뇌와 몸은 신경으로 연결되어 있습니다. 신경은 신경세포들이 모여 만들지요. 또 우리의 머리 속에서는 엄청난 양의 정보가 쉴 새 없이 돌아다니고 있습니다. 도대체 머리 속에서는 어떤 일이 일어나고 있을까요? 어떻게 이토록 많은 정보를 처리하고 전달할 수 있을까요?

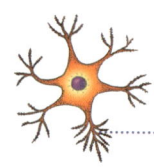 # 척수는 뇌와 온몸을 연결해요

척수는 척추뼈 안에 있는 신경 다발입니다. 척수는 연수 아래쪽에서 시작해서 뇌와 온몸을 연결해 줍니다. 척수에서는 31쌍의 신경이 몸의 좌우로 뻗어 나가고 있어요. 감각기관에서 들어오는 신경은 척수의 뒤쪽으로 들어가고, 운동기관으로 나가는 신경은 몸이 위급한 상황에 닥쳤을 경우에 대뇌의 명령을 받지 않고 척수가 직접 일을 처리하기도 한답니다.

■ 척추의 구조

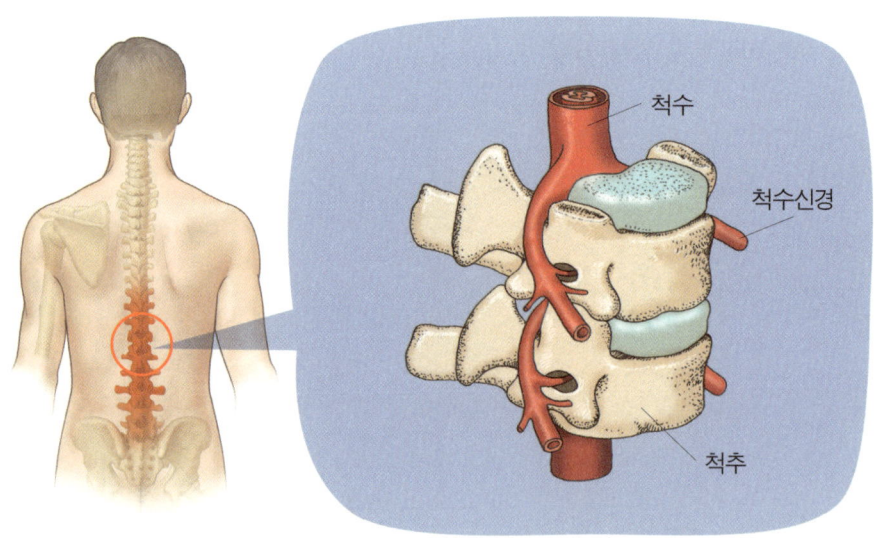

포유류, 조류, 파충류, 양서류, 어류는 척추동물에 속한다.

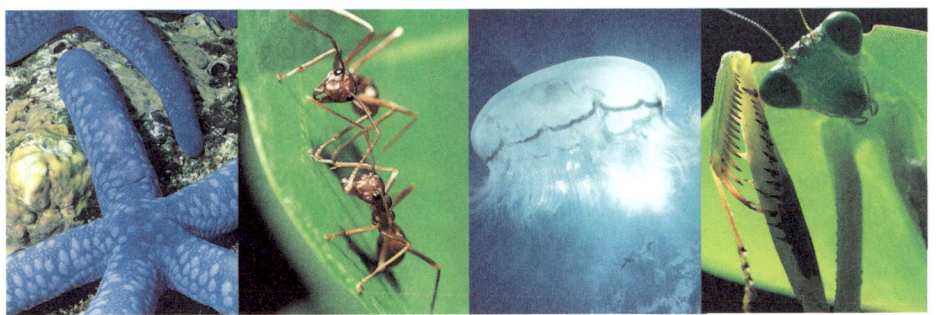

불가사리, 개미, 해마, 사마귀 등은 척추가 없는 동물들이다.

예를 들어, 몸에 뜨거운 것이 닿으면 급히 몸을 움츠리는데, 이것은 척수에서 몸을 피하도록 명령한 결과입니다. 만약 '뜨겁다'라는 정보가 대뇌까지 도달해야 한다면 우리 몸은 위험한 상황에 대처하기 위해 좀 더 오랜 시간을 기다려야 하겠지요. 그래서 뜨거운 물체에 데는 것과 같은 위기 상황에서는 뇌 대신 척수가 판단하고 명령한답니다. 이러한 과정을 '척수반사'라고 합니다.

모든 동물에게 척수가 있지는 않습니다. 척수가 있는 동물은 척추가 있는 동물이에요. 강아지(포유류), 새(조류), 도마뱀(파충류), 개구리(양서류), 그리고 물고기(어류)는 척추동물로 척수를 가지고 있습니다. 척수가 없는 동물은 척추가 없는 동물이지요. 곤충, 거미, 새우, 오징어, 지렁이와 같이 척수가 없는 동물은 매우 많습니다.

### 척추

사람의 몸통은 머리에서부터 엉덩이까지 33개의 뼈로 이어져 있습니다. 이 뼈들을 척추뼈 혹은 척추라고 하고, 이 척추뼈들이 이어져 기둥의 형태를 이루고 있는 것을 척주라고 합니다. 사람뿐 아니라 척추뼈를 가지고 있는 동물이 있는데, 그런 동물들을 척추동물이라고 부릅니다.

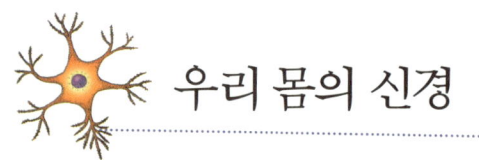# 우리 몸의 신경

몸에서 느낀 감각을 뇌로 전달하는 신경은 감각신경이라 하고, 뇌에서 몸의 각 부분으로 명령을 전달하는 신경은 운동신경이라고 부릅니다. 자극을 받아 명령을 내리기 위해 신호를 연합하고 분석하는 신경은 연합신경이라고 합니다.

### 중추신경과 말초신경

연합신경이 모여 명령을 분석하고 처리하는 신경은 중추신경이라 하고, 감각신경이나 운동신경처럼 자극이나 명령을 전달하는 신경을 말초신경이라고 합니다.

또한, 뇌에서 얼굴에 퍼져 있는 신경은 뇌신경, 척수에서 온몸으로 퍼져 있는 신경은 척수신경이라고 부른답니다. 뇌와 척수는 중추신경에 해당하고, 뇌신경과 척수신경은 말초신경에 해당하지요.

### 체성신경과 자율신경

말초신경은 우리의 온몸으로 퍼져 있습니다. 그런데 모든 신경이 뇌의 명령에만 움직인다면 우리의 생명은 자칫 위험할 수도 있습니다. 예를 들면, 팔과 다리는 뇌의 명령을 따르기만 하면 됩니다. 하지만 심장이 뇌의 명령을 따라 움직인다면 큰일이 날 거예요. 뇌는 심장을 움직이기 위해 잠시도 긴장을 늦추어서는 안 될 테니까요.

그래서 온몸에 퍼져 있는 말초신경계는 뇌의 명령에 따라 움직이는 체성신경계와 뇌의 명령에 관계없이 자율적으로 움직이는 자율신경계로 이루어져 있습니다. 우리 몸은 참 신기하지요?

자율신경은 주로 우리 몸의 내장에 위치해 있습니다. 위장, 혈관, 방광, 땀샘, 침샘, 호르몬샘 등의 작용을 조절하는 역할을 합니다. 자율신경은 생명을 유지하는 일에 관여하기 때문에 대뇌의 명령을 따르지 않고 자율적으로 일합니다.

■ 우리 몸을 이루는 신경의 단계

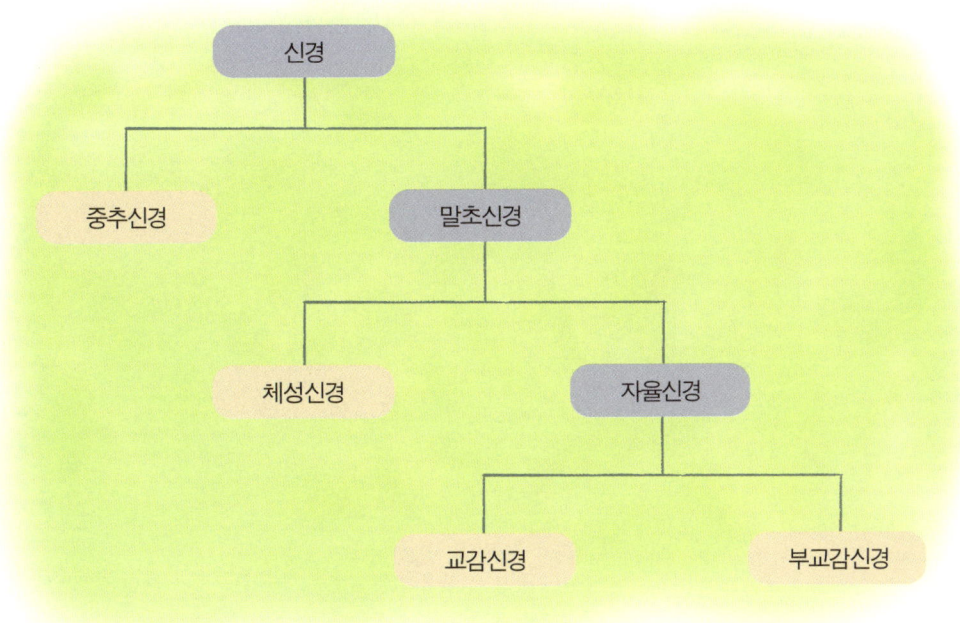

### 소화액

동물이 음식물을 먹고, 그 영양분을 흡수하여 에너지로 쓰기 위해서는 음식물을 잘게 분해하는 과정을 거칩니다. 그런 과정을 소화라고 하지요. 동물의 소화기관에서는 이런 소화를 돕는 액체가 나오는데 이것을 소화액이라고 합니다.

### 소화관 운동

동물의 입에서 항문까지 음식물을 소화시키는 데 관련된 관 모양, 혹은 주머니 모양의 기관을 통틀어서 소화관이라고 부릅니다. 이 소화관에서는 음식물을 이동시키거나 분해하기 위한 운동을 하는데 이를 소화관 운동이라고 합니다.

### 교감신경과 부교감신경

자율신경에는 교감신경과 부교감신경이 있습니다.

교감신경은 우리 몸이 위급한 상황에 처했을 때 우리 몸이 이에 대처할 수 있도록 도와줍니다. 교감신경이 작동하면 심장박동 촉진, 혈관 수축, 혈압 상승, 동공 확대 촉진, 위장 작용 억제, 피부 혈관 수축이 일어나고, 소화액 분비나 소화관 운동은 억제됩니다.

부교감신경은 위급한 상황에서 긴장되어 있던 우리 몸을 다시 안정되게 만드는 역할을 합니다. 그래서 부교감신경은 교감신경과 반대로 심장박동을 억제하고, 소화액 분비나 소화관 운동을 촉진한답니다.

 # 신경세포, 뉴런

　뇌세포는 신경세포와 신경교세포로 나뉩니다. 신경세포란 우리가 학교에서 배우는 뉴런을 말합니다. 그런데 흔히 뇌세포라고 말할 때는 뉴런을 의미하는 경우가 많습니다. 그만큼 뉴런의 역할이 중요하기 때문입니다. 뉴런은 자극을 받으면 그것을 전기신호로 바꾸어서 다른 뉴런으로 전달합니다. 뉴런에 대해 더 자세히 알아볼까요.

　뉴런은 어떻게 생겼을까요? 뉴런의 몸체가 되는 부분은 신경세포체라고 부릅니다. 뉴런에는 많은 실 가닥 같은 것들이 나 있습니다. 이 실처럼 생긴 것들은 돌기라고 하는데, 특히 굵고 길게 나 있는 돌기를 축삭돌기, 여러 개 나 있는 가는 것들을 가지돌기라고 합니다.

■ **뉴런의 구조**

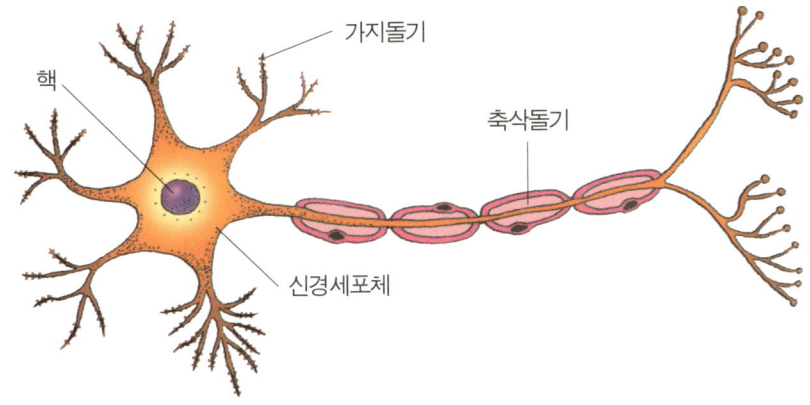

뉴런의 돌기가 사방으로 여러 개 나 있는 이유는 여러 방향으로부터 오는 정보를 놓치지 않고 잘 모으기 위해서입니다.

그러면 뉴런은 어떻게 신호를 받아서 보낼까요?

뉴런은 가지돌기에서 신호를 받아들이고 축삭돌기를 통해서 다른 뉴런으로 신호를 보내 준답니다.

■ 뉴런의 신호 전달

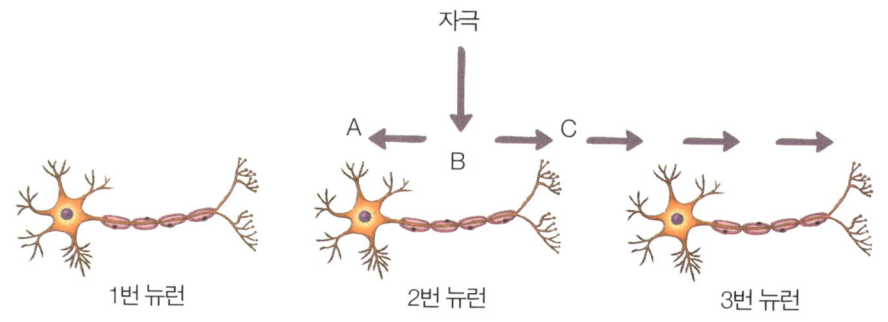

위의 그림에서와 같이 2번 뉴런의 B점에 자극을 주면 2번과 3번 뉴런은 모두 자극에 반응하지만 1번 뉴런은 반응하지 않습니다. 이것은 A까지 이동한 신호가 1번 뉴런으로는 건너가지 못했지만, C로 이동한 신호는 3번 뉴런으로 건너갔다는 뜻입니다. 이 실험으로 신호는 한 뉴런 내에서는 모든 방향으로 신호가 전달되지만 다른 뉴런으로 전달될 때에는 일정한 방향으로만 전달된다는 것을 알 수 있습니다. 신호는 뉴런의 가지돌기에서 다른 뉴런의 축삭돌기로 이동하는 것이 아니라 한 뉴런의 축삭돌기 끝에서 다른 뉴런의 가지돌기로 이동한답니다.

뉴런은 뇌뿐만 아니라 온몸에 퍼져 있습니다. 눈, 코, 귀, 입, 피부와 같은 감각기관에서 받은 자극을 뇌까지 연결해 주는 뉴런을 '감각뉴런'이라고 합니다. 뇌에서 신호를 연결하고, 분석하는 뉴런은 '연합뉴런'입니다. 그리고 뇌와 척수에서 온몸으로 퍼져 나가 명령을 전달하는 것은 '운동뉴런'이라고 부른답니다.

뉴런은 종류에 따라 모양도 조금씩 다릅니다. 각각의 기능을 잘 수행하도록 모양도 다르게 발달했습니다.

감각뉴런이 모인 신경은 감각신경, 연합뉴런이 모인 신경은 연합신경, 운동뉴런이 모인 신경은 운동신경이라 부릅니다.

■ 자극에 대한 반응 전달 과정

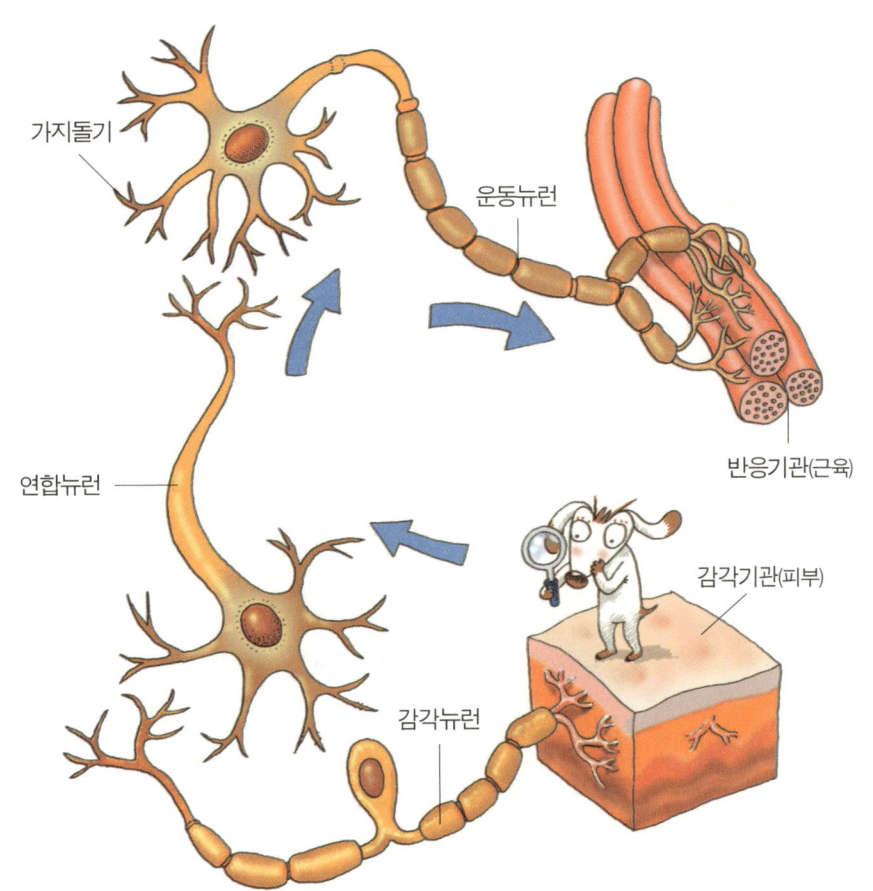

감각기관에 자극을 받으면 '감각뉴런→연합뉴런→운동뉴런→반응기관' 순서로 반응이 전달된다.

# 미러뉴런

이탈리아의 한 대학에서는 원숭이를 이용하여 실험을 했는데, 자신은 직접 움직이지 않고 다른 사람의 행동만 보아도 뇌 속에서는 마치 자신이 움직이는 것처럼 반응하는 뉴런을 발견했습니다. 이 뉴런을 거울에 비춘 것과 같이 반응한다 해서 거울이라는 뜻을 가진 미러(mirror)뉴런이라고 부릅니다. 한 사람이 하품을 하면 옆에 있던 사람도 따라서 하품을 하는 경우가 있습니다. 엄마가 아기를 보고 웃으면 아기도 따라 웃지요. 아기가 엄마의 입을 보고 말을 배우는 것은 이 미러뉴런과 관련이 있습니다.

마주 보고 있는 사람이 하품을 하면 같이 하품을 하게 되고, 웃는 사람을 보면 같이 웃게 되는 이유는 미러뉴런과 관련 있다.

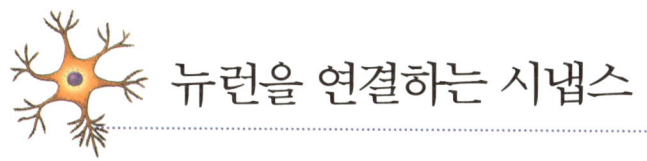 # 뉴런을 연결하는 시냅스

뉴런은 서로 맞닿아 있지는 않습니다. 모두가 다 떨어져 있어요. 빽빽이 모여 있지만 서로 맞닿아 있지 않다는 것은 참으로 신기한 일이지요. 그런데 뉴런이 서로 떨어져 있다면 어떻게 신호를 뇌까지 전달할 수 있을까요?

뉴런은 평상시에는 서로 떨어져 있지만 자극을 받아 신호를 전달할 때에는 서로 연결되기 때문입니다. 뉴런은 따로 떨어져 있기 때문에 뉴런과 뉴런 사이에는 틈이 있습니다. 하지만 신호를 받을 때에는 그 신호를 전달하기 위해 다리를 만들어 낸답니다.

이렇게 뉴런의 가지돌기와 축삭돌기 사이에 있는 틈을 '시냅스'라고 부릅니다. 축삭돌기의 끝 부분은 작은 주머니 모양으로 부풀어 있고, 가지돌기와 가까이 위치해 있습니다. 그런데 신호가 축삭돌기까지 전달되면 축삭돌기 끝의 주머니에서 신경전달물질을 뿜어냅니다. 그러면 이 신경전달물질이 축삭돌기와 가지돌기를 연결하여 다리를 만들어 뉴런과 뉴런을 연결합니다. 뉴런과 뉴런 사이에 신호가 전달될 수 있게 된 것이지요.

한 뉴런에서 다른 뉴런으로 신호가 전달될 때, 뉴런의 축삭돌기에서 다른 뉴런의 가지돌기 쪽으로만 신호가 전달된다고 했지요. 이 과정이 바로 시냅스에서 일어나는 것입니다.

그러나 신호를 만들어 내는 자극이 사라지면 축삭돌기 끝에서 나오는 신경전달물질도 없어지고, 이 다리도 사라져서 뉴런 사이의 연결이 끊어집니다. 그렇게 끊어진 상태를 유지하다가 전달할 신호가 있을 때 다시 연결됩니다.

■ 시냅스에서의 신호 전달

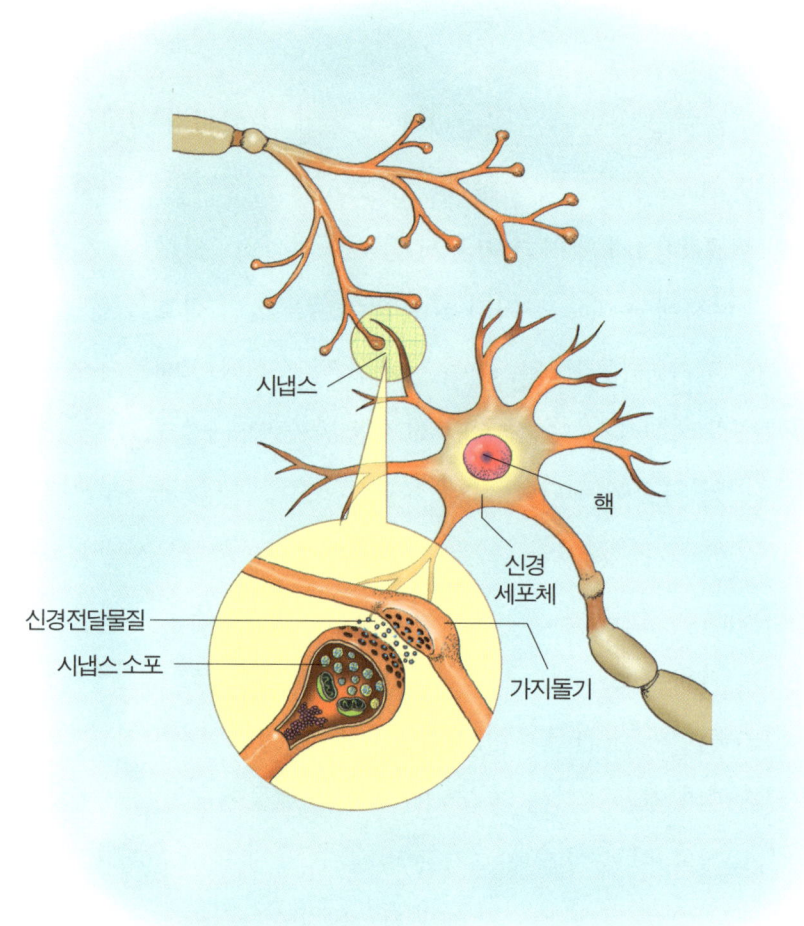

자극을 받으면 한 뉴런의 축삭돌기에서 신경전달물질을 뿜어내어 다른 뉴런의 가지돌기와 연결한다. 이로써 뉴런과 뉴런 사이에 신호가 전달된다. 신호가 전달되는 공간이 바로 시냅스다.

# 대왕오징어의 신경세포

수백 년 동안 사람들은 대왕오징어를 찾기 위해 애를 써왔습니다. 대왕오징어의 축삭돌기는 포유류보다 100~1,000배만큼 크다고 합니다. 길이가 10미터 이상에 이른다는 대왕오징어의 신경세포는 눈으로 볼 수 있을 만큼 상당히 커서 뇌를 주제로 하는 실험에서 중요한 재료가 됩니다.

1950년대에 앨런 호지킨, 앤드루 헉슬리, 존 에클스라는 과학자는 오징어의 거대한 축삭돌기를 이용하여 신경세포를 통해 자극이 전달되는 과정을 처음으로 밝혀내었고, 그 공로를 인정받아 1963년에 노벨 생리·의학상을 받았습니다.

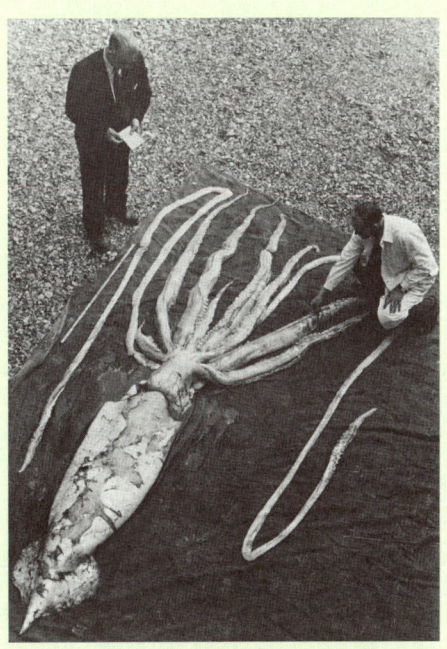

두 명의 과학자가 대왕오징어를 조사하고 있다.
ⓒ NTNU Vitenskapsmuseet

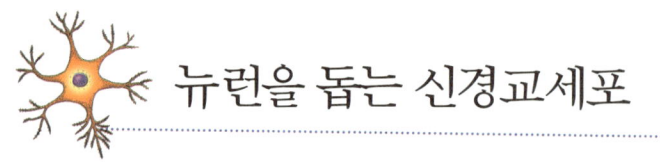# 뉴런을 돕는 신경교세포

앞에서 보통 뇌세포를 부를 때 뉴런을 뜻하기도 한다고 했습니다. 하지만 뇌세포는 엄밀히 말하면 뉴런, 즉 신경세포와 신경교세포로 이루어져 있습니다. 뇌세포에서 뉴런의 역할이 중요하고, 인간의 뇌에는 1,000억 개 이상의 뉴런이 있지만 신경교세포의 역할도 무시할 수 없습니다. 그리고 놀라운 것은 인간의 뇌에는 뉴런보다 열 배 정도 더 많은 신경교세포가 있다는 사실입니다.

신경교세포는 글리아세포(glia cell)라고도 합니다. 글리아는 그리스어로 '접착제'라는 뜻입니다. 전자현미경으로 보면 신경교세포는 뉴런에 붙어 있는 것처럼 보입니다. 신경교세포는 신호 전달에는 관여하지 않지만 혈관과 신경세포 사이에 위치하여 뉴런을 도와줍니다. 그뿐만 아니라 뉴런에 영양분을 공급해 주고 노폐물을 제거하기도 합니다.

천재 과학자로 불렸던 아인슈타인이 죽은 다음, 아인슈타인의 뇌는 과학자들뿐만 아니라 일반인에게도 큰 관심을 받았습니다. 아인슈타인의 뇌를 조사했던 미국의 한 과학자는 아인슈타인의 뇌에 들어 있는 신경세포는 보통 사람과 별 차이가 없지만 신경교세포가 보통 사람보다 70%나 많았다고 보고했습니다. 물론 천재의 뇌에 대해서는 아직도 확실히 밝혀진 것이 없고, 여러 가지 가설만 있답니다. 따라서 아인슈타인의 뇌에 신경교세포가 많이 분포했다는 사실만으로 아인슈타인의 천재성을 모두 설명할 수는 없습니다.

하지만 이전의 과학자들은 이 신경교세포가 뉴런의 보조 역할만 한다고 생각했습니다. 그래서 신경교세포에는 크게 관심을 갖지 않았지요. 그런데 최근에는 그 중요성을 인정하고 활발하게 연구하고 있습니다.

독일에서 태어난 유대인 물리학자 아인슈타인. 천재 아인슈타인의 뇌에는 보통 사람보다 신경교세포가 70%나 많았다.

 # 뇌세포도 변해요

옛날 과학자들은 사람의 뇌는 태어나고 3년이 지나면 모두 만들어져 변하지 않는다고 여겼습니다. 하지만 현대의 과학자들은 뇌가 20세까지도 다 자라지 않는다고 생각합니다.

그리고 사람이 나이를 먹으면 몸이 약해지고 신체 기능이 떨어지듯이 뇌도 퇴화합니다. 보통은 나이가 들면 기억력이 나빠지는데, 그것은 신경세포의 기능이 약해지거나 세포 사이의 연결이 약해지기 때문입니다. 신경세포가 퇴화되면, 신경세포를 연결해 주는 시냅스의 수가 줄어들어 정보의 전달이 잘 이루어지지 않기 때문에 기억력이 떨어집니다.

하지만 우리의 뇌는 일생을 거치면서 나빠지는 쪽으로만 변하지는 않습니다. 살아가는 동안 많은 경험을 하면서 뇌가 발달하기도 한답니다.

미국의 버클리 대학교에서 쥐를 가지고 실험을 했습니다. 한쪽에는 쥐 열두 마리와 충분한 장난감을 넣어 주었고, 다른 쪽에는 장난감도 넣지 않은 채 한 마리의 쥐만 넣어 두었습니다. 얼마 후에 현미경으로 뇌 조직을 검사했더니 장난감을 넣은 쪽의 쥐는 대뇌에 있는 피질의 면적이 증가했고, 뉴런에 있는 가지돌기의 수와 시냅스도 훨씬 많아졌습니다. 뉴런의 가지돌기와 시냅스가 증가한다는 것은 뇌세포가 정보를 더 활발히 처리할 수 있다는 뜻입니다. 이 실험 결과는 경험을 많이 할수록 뇌가 발달한다는 사실

을 알려 주는 증거입니다.

학습도 뇌세포를 증가시키고 시냅스를 발달시킵니다. 하지만 하루 종일 책상 앞에 앉아 공부만 한다고 머리가 좋아지지는 않습니다. 운동은 뇌에 혈액이 잘 공급되도록 도와준답니다. 뇌에 혈액이 잘 공급되어야 영양분과 산소가 잘 공급되고, 그래야 뇌가 더 효율적으로 일을 잘할 수 있습니다. 한마디로 뇌세포가 건강하게 발달하기 위해서는 육체적인 활동과 정신적인 활동이 모두 필요하다는 말이지요. 충분히 휴식하면서 뇌가 활동할 기회를 적절히 만들어 주는 것이 중요합니다.

**문제 1** 우리 몸의 신경은 중추신경과 말초신경으로 나눌 수 있어요. 또 말초신경은 체성신경과 자율신경으로 나눌 수 있지요. 체성신경과 자율신경은 어떤 차이가 있나요?

**문제 2** 신경세포인 뉴런은 뇌뿐 아니라 온몸에 퍼져 있어요. 뉴런에는 어떤 뉴런들이 있고, 어떤 역할을 할까요?

---

3. 뉴런과 뉴런 사이에는 틈이 있습니다. 이 틈을 뉴런의 가지돌기 끝에서 있는 시냅스톨기라고 하는데요, 시냅스톨기 안에는 신경전달물질 주머니가 있습니다. 그래서 한쪽 뉴런의 축삭돌기에서 신경전달물질이 분비되면 다른 뉴런의 시냅스톨기가 신경전달물질을 받아들여 신호를 전달할 수 있습니다.

4. 우리의 뇌에는 1,000억 개 이상의 뉴런이 있으며, 뉴런과 뉴런 그리고 신경세포로 이루어진 감각기와 운동기관을 모두 연결해 다양한 활동을 할 수 있도록 돕고 있습니다. 신경세포는 몸속 구석구석에 퍼져 있어 우리가 움직일 때 근육으로 신호를 보내기도 하고, 소리나 빛 등의 외부 자극을 받아들여 뇌에 전달하는 역할도 합니다.

**문제 3** 뉴런들끼리는 서로 연결되어 있지 않습니다. 연결되어 있지 않은 뉴런들이 어떻게 신호를 전달할 수 있을까요?

**문제 4** 뇌에는 신경세포와 신경교세포가 있습니다. 신경교세포가 신경세포보다 많습니다. 신경교세포는 어떤 세포인가요?

## 정답

1. 말초신경은 우리의 몸에 퍼져 있는 신경입니다. 그러기 위해 이 신경들이 많은 자극들을 몸에 전달해 주어야 합니다. 그래서 말초신경은 중추신경보다 길쭉할 수 밖에 없어요. 예를 들어 발바닥에 무언가를 밟았을 때 그 통증을 뇌로 전달하기 위해서는 자극신경이 나아가야 합니다. 발바닥부터 뇌까지 긴 신경이 있는 것이지요. 그리고 이 신경들이 모든 몸에 자잘하게 퍼져 있어야 합니다.

2. 뉴런은 세포체, 축삭돌기, 가지돌기로 이루어져 있습니다. 눈, 귀, 피부 같은 감각기관에서 받은 자극을 뉴런이 전달해 줍니다. 세포체에서 받은 자극을 축삭돌기로 보냅니다. 길쭉한 축삭돌기, 가지돌기를 통하여 공동으로 전달받을 신호가 뇌까지 이어집니다.

**관련 교과**
**초등 5학년 1학기** 1. 환경과 생물
**초등 6학년 1학기** 3. 계절의 변화

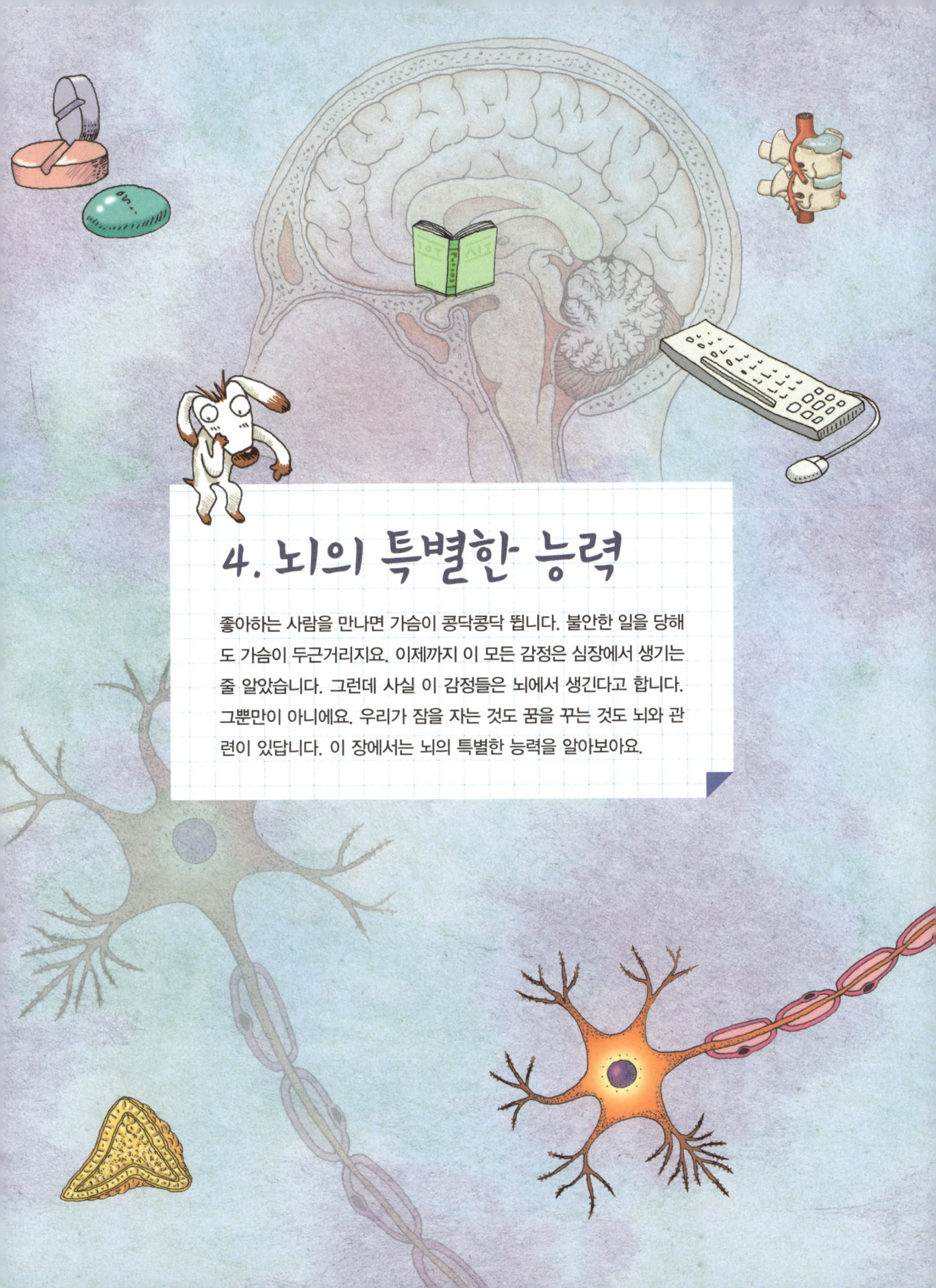

# 4. 뇌의 특별한 능력

좋아하는 사람을 만나면 가슴이 콩닥콩닥 뜁니다. 불안한 일을 당해도 가슴이 두근거리지요. 이제까지 이 모든 감정은 심장에서 생기는 줄 알았습니다. 그런데 사실 이 감정들은 뇌에서 생긴다고 합니다. 그뿐만이 아니에요. 우리가 잠을 자는 것도 꿈을 꾸는 것도 뇌와 관련이 있답니다. 이 장에서는 뇌의 특별한 능력을 알아보아요.

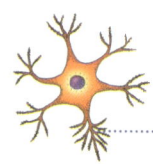 # 감정도 뇌에서 생겨요

 옛날 이집트 사람들은 화가 날 때 심장이 콩닥거린다는 것을 깨닫고는 감정은 머리가 아닌 심장에서 나온다고 생각했습니다. 그래서 뇌를 그다지 중요하게 생각하지 않았어요. 하지만 최근에 뇌에 대한 연구가 활발해지면서 감정은 뇌에서 만들어지고, 특히 대뇌변연계와 깊은 관련이 있다고 밝혀졌습니다.

 어떻게 감정이 뇌와 관련이 있을까요? 감정도 우리가 생각하고 의도하는 대로 조절된다는 말일까요? 감정은 시냅스에서 나오는 신경전달물질에 의해 나타납니다. 신경전달물질은 지금까지 20여 가지가 밝혀졌는데, 그

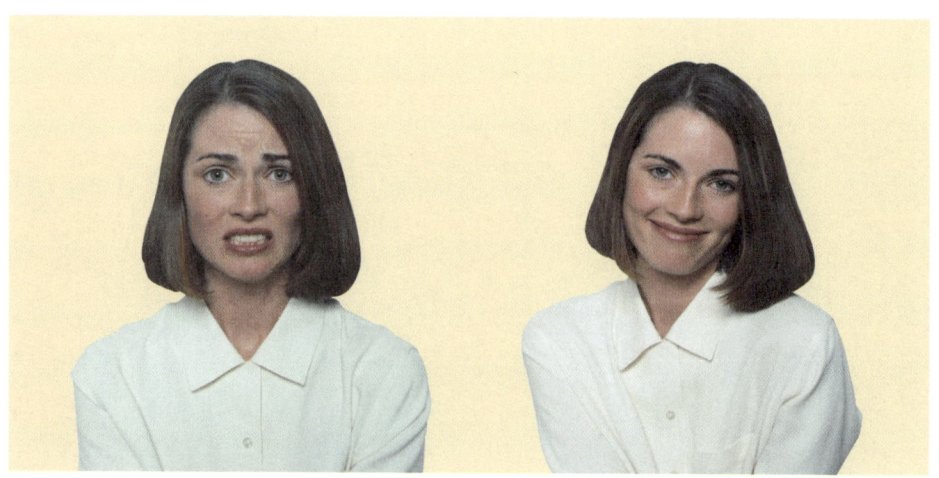

옛날에는 기쁨, 화, 슬픔과 같은 감정이 심장에서 생긴다고 생각했지만, 감정은 뇌와 깊은 관련이 있다.

중 몇 가지를 알아볼까요?

### 도파민

도파민은 다른 동물에 비해 사람에게서 많이 나오는 신경전달물질입니다. 도파민은 흥분을 전달하고, 즐거움, 유쾌함, 행복감 등과 같은 감정을 크게 느끼게 합니다. 사랑을 느끼는 감정도 도파민에 의해서 생긴다고 해요. 도파민이 부족하면 우울증이나 파킨슨병에 걸릴 수도 있고, 너무 과하면 정신분열증이 생길 수도 있습니다.

담배를 피울 때, 담배 속에 있던 니코틴은 도파민의 분비를 활성화해서 쾌감을 느끼게 합니다. 마약도 도파민을 활성화해서 환각이나 쾌락을 느끼게 하는 물질입니다.

### 코르티솔

스트레스는 부정적인 면과 긍정적인 면, 두 가지가 있습니다. 적당한 수준의 스트레스는 우리에게 긴장감을 주어서 많은 일을 잘 처리할 수 있게 하지요. 하지만 심한 스트레스는 우리의 몸과 마음을 매우 힘들게 합니다.

사람은 스트레스를 받으면 여러 가지 증상을 나타냅니다. 혈압이 상승하며, 심장박동과 호흡이 빨라지고, 근육이 긴장합니다. 이러한 것들은 우리 몸이 스트레스를 이겨 내기 위해 준비하는 것이랍니다. 이것을 조절해 주는 것이 바로 스트레스 호르몬입니다. 코르티솔은 신장 위에 있는 부신에서 나오

#### 에디슨병

쉽게 피로해지고, 무기력 증상이 일어나는 병입니다. 속이 메스껍거나 식욕이 떨어지고 구토 증상이 일어날 수도 있습니다. 결핵이나 종양의 전이로 부신이 파괴되거나 수술 등으로 부신을 제거한 경우 부신에서 분비되는 호르몬이 감소해서 발병할 수 있습니다.

는 스트레스 호르몬입니다. 코르티솔은 스트레스를 받으면 나오는 호르몬이지만, 스트레스로부터 우리 몸을 지켜 주는 역할도 합니다. 코르티솔이 너무 적으면 스트레스에 제대로 반응하지 못해 에디슨병에 걸릴 수 있고, 코르티솔이 너무 많으면 해마 세포가 파괴되어 학습이나 기억에 장애가 생깁니다.

### 세로토닌

세로토닌은 우울증과 관련된 호르몬입니다. 신경세포를 진정시키는 작용을 하여 행복감이나 편안함을 느끼게 하지요. 세로토닌은 우울증의 치료제로도 사용된답니다. 뇌 속에 세로토닌이 증가하면 정신이 안정되고, 두뇌 활동이 활발해진답니다. 하지만, 스트레스를 받으면 세로토닌이 감소하지요. 세로토닌이 감소하면 우울해지고, 기억력이 떨어지고, 짜증이 나게 된답니다. 여성이 우울증에 걸릴 확률이 남성의 두 배나 됩니다. 이것은 여성이 남성보다 세로토닌을 분비하는 양이 적어서 우울증에 빠질 가능성

이 높기 때문입니다.

### 멜라토닌

간뇌에 있는 시상 주변에 콩알만 한 솔방울샘이라는 조직이 있습니다. 여기에서 멜라토닌이라는 호르몬이 나옵니다. 멜라토닌은 우리 몸의 리듬을 주관하는 시계 역할을 합니다. 우리 몸은 망막에 도달하는 빛의 양으로 하루의 시간을 감지하는데, 도달하는 빛의 양이 많아지면 멜라토닌의 양이 줄어들고, 빛의 양이 적어지면 멜라토닌이 늘어납니다. 사람이 잠을 자는 시간은 멜라토닌이 분비되는 시간과 비슷하지요. 멜라토닌은 불면증에도 효과가 있다고 합니다. 또 멜라토닌의 분비량은 계절에 따라서도 달라집니다. 해 길이가 긴 겨울에는 양이 늘어나고 해 길이가 짧은 여름에는 줄어든답니다.

# 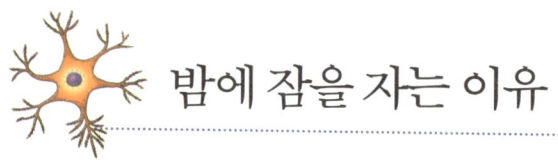 밤에 잠을 자는 이유

밤에는 왜 잠을 잘까요? 낮 동안 많은 정보를 받아들이고 처리하느라 밤이 되면 뇌는 피곤해집니다. 밤이 되면 피로가 쌓이고 수면을 유도하는 물질이 만들어지기 때문에 낮보다는 밤에 잠을 자게 된답니다. 하지만, 잠잘 때에도 뇌는 쉬지 않고 일합니다. 오히려 더 활발하게 일하지요.

## 수면 시간

잠은 얼마나 자야 할까요? 보통 아기들은 하루에 16시간, 청소년은 평균 9시간, 성인은 7~8시간을 잡니다. 하지만 잠을 더 많이 자야 하는 사람이

보통 아이들은 어른들보다 많은 잠이 필요하다.

있고, 적은 잠을 자고도 피곤하지 않은 사람이 있어요. 수면 시간은 개인에 따라 다르다는 뜻입니다. 수면 시간은 몸과 마음의 상태나 계절에도 영향을 받습니다. 스트레스가 많은 상태일 때에는 좀 더 충분한 잠을 자는 것이 좋습니다. 또한, 여름에는 수면 시간이 짧고 겨울은 긴 편인데, 이것은 빛의 양이 계절에 따라 차이가 있기 때문입니다.

> **가위눌림**
>
> 잠자는 도중에 의식은 깨어나지만 몸을 움직일 수 없는 상태를 말합니다. 의학적으로는 의식이 불완전하게 깨어나서 뇌는 깨어 있지만, 몸은 깨어 있지 않은 상태를 가리키지요. 수면 부족, 과로, 스트레스 등 여러 가지 원인이 있다고 알려져 있습니다.

### 렘수면과 논렘수면

수면에는 두 가지가 있어요. 그것은 바로 렘(REM, Rapid Eye Movement)수면과 논렘(NREM, Non-rapid Eye Movement)수면입니다. 렘수면이 일어날 때에는 잠을 자면서도 눈동자가 활발히 움직이고, 논렘수면이 일어날 때에는 그렇지 않습니다. 흔히, 렘수면을 얕은 잠, 논렘수면을 깊은 잠이라고 하지요. 렘수면은 꿈을 꾸는 잠입니다. 몸은 자고 있지만 뇌는 깨어 있지요. 논렘수면은 꿈을 꾸지 않고 뇌가 쉬는 잠입니다. 이때에는 뇌가 쉬고 있어서 꿈을 꾸어도 기억을 하지 못한답니다.

가위눌림은 렘수면 때 생깁니다. 의식은 깨어 있는데, 몸이 잠들어 움직이지 않는 상태입니다.

잠든 지 한 시간 정도 지나면 논렘수면이 먼저 일어나고, 그다음 렘수면이 일어납니다. 우리가 잠자는 동안에는 보통 4~5회에 걸쳐 90분 간격으로 렘수면과 논렘수면이 반복됩니다.

논렘수면은 뇌파에 따라 4단계로 나눌 수 있습니다.

1단계는 깨어 있는 상태로부터 잠으로 넘어가는 졸음 상태를 말합니다.

이때에는 잠을 자면서도 약한 소리를 알아들을 수 있고, 사람이 지시하면 그 지시에 따라서 손을 약하게 움직일 수도 있습니다.

2단계는 최초의 진짜 잠이라고 할 수 있습니다. 이때에는 사람을 쉽게 깨울 수는 있지만, 1단계보다는 깊은 잠이어서 1단계에서처럼 약한 소리에 반응을 보이지는 않습니다.

3단계는 깊은 잠이고 4단계는 매우 깊은 잠입니다. 이 상태에서는 아무리 흔들어도 일어나지 않으며, 깨더라도 정신을 차리지 못하고 몽롱한 상태에 있게 됩니다. 1~2단계에 있는 사람은 쉽게 깨울 수 있지만, 3~4단계에 있는 사람은 깨우기가 힘듭니다.

동물도 잠잘 때는 꿈을 꾸는데, 꿈을 꾸는 수면인 렘수면은 초식동물에게서 더 길게 나타난다.
ⓒ 4028mdk09@the Wikimedia Commons

### 동물도 꿈을 꿀까요?

동물도 뇌가 있기 때문에 꿈을 꿉니다. 그리고 꿈을 꾸는 얕은 잠인 렘수면은 초식동물에게서는 길고, 육식동물에게서는 더 짧게 나타납니다. 초식 동물이 잠잘 때에는 몸은 잠들지만, 뇌는 깨어 있는 시간이 길다는 뜻이겠지요. 그 이유는 무엇일까요? 뇌까지 오래 잠들게 되면 천적으로부터 자신을 지키기 힘들기 때문에 초식동물은 뇌가 깨어 있는 렘수면이 길 수밖에 없습니다.

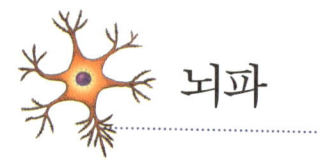 # 뇌파

뇌파란 뇌가 활동할 때 뇌에 흐르는 전류를 기록한 것입니다. 뇌파는 뇌의 활동 정도에 따라 달라집니다. 뇌파를 진동수나 진폭에 따라 네 가지로 나누어 볼 수 있는데, 알파파·베타파·세타파·델타파가 바로 그것입니다. 뇌파 중에는 정상 상태에서 볼 수 있는 정상 뇌파뿐만 아니라 병적 상태에서 발견되는 이상 뇌파도 있습니다.

### 알파파

8~13㎐의 주파수를 가지고 있습니다. 뇌가 안정적이고 편안한 상태일 때 발생합니다. 정신을 집중하거나 명상할 때에도 발생하는데, 알파파가 나오면 뇌가 안정된 상태라는 뜻입니다.

### 베타파

14~30㎐로 알파파보다 조금 빠른 상태의 뇌파입니다. 우리가 평상시 깨어서 운동을 하거나 주변의 일에 깊은 주의를 기울이고 있을 때, 또 스트레스를 받을 때에도 이 뇌파가 발생해요. 이 상태가 오래 지속되면 뇌가 피곤하여 혼란을 느끼게 되고, 학습 능률이 떨어집니다.

## 세타파

세타파는 4~7㎐로 알파파보다 느립니다. 뇌가 졸음을 느끼거나 얕은 잠에 빠질 때에 발생하는 뇌파입니다. 최면 상태에서도 세타파가 발생하지요.

## 델타파

델타파는 4㎐ 이하로 매우 느린 뇌파입니다. 깊이 잠들어 있거나 무의식 중에 이런 뇌파가 발생합니다. 아기들에게서 많이 나타나지요. 델타파 상태에 있을 때에 성장호르몬이 많이 나온다고 합니다.

■ 여러 가지 뇌파

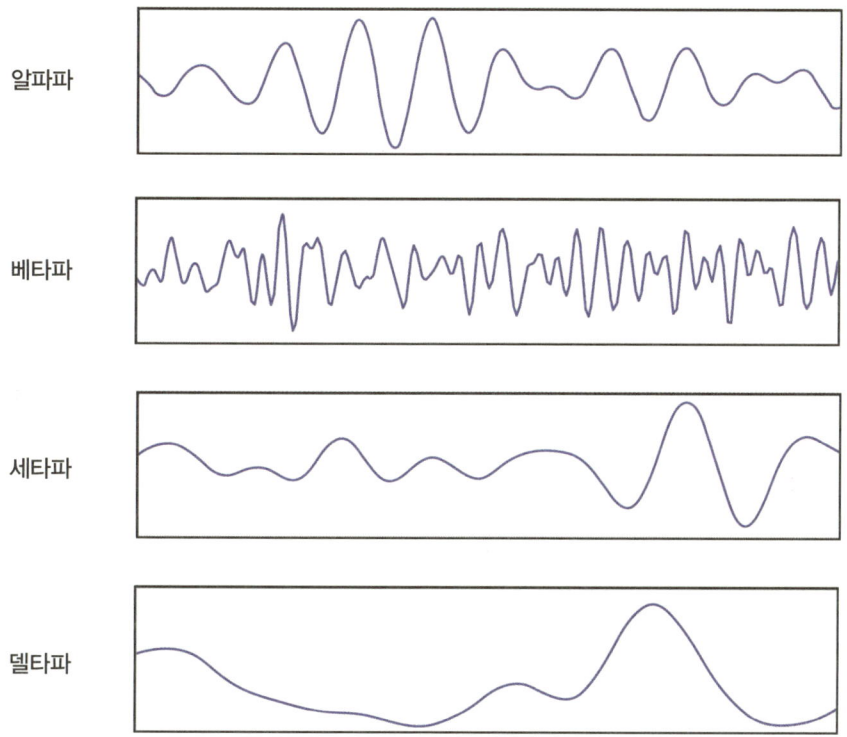

# 몽유병과 기면증

잠에도 병이 있습니다. 몽유병과 기면증이 대표적인 예입니다.

몽유병이란 잠을 자다가 갑자기 일어나 무엇에 홀린 듯 어떤 행동을 하거나 돌아다니는 병입니다. 자면서 돌아다니기 때문에 '수면보행증' 이라고도 부릅니다. 그런데 문제는 다음 날 아침에 깨어나서는 그 일을 전혀 기억하지 못한다는 점입니다. 몽유병 증상이 대개 깊은 잠을 자는 논렘수면 상태에서 일어나기 때문에 기억하지 못하는 것입니다. 깊은 잠을 자는 도중에 이 증상이 일어나기 때문에 의식이 완전히 깨어 있지 않고 잠에 취한 상태에서 행동을 합니다.

어떤 사람들은 몽유병을 뇌전증의 한 종류로 보며, 정신분석학에서는 인격이 분리되어 나타나는 현상으로 보기도 합니다. 하지만 몽유병을 뇌에 심각한 문제가 생긴 증상으로 보지는 않습니다. 정상인도 잠시 겪을 수 있는 질병입니다. 사실 몽유병이라는 병 자체보다 무의식중에 행동하다가 다치는 것이 더 큰 문제입니다.

이 몽유병은 현재까지 치료 방법이 없습니다. 그러므로 사고가 일어나지 않도록 방지하는 것이 중요합니다. 수면 상태에서 걸어 다니다가 겪을 수 있는 사고를 예방하기 위해서는 환자가 자는 방의 문과 창문을 잠그고, 위험한 물건을 치워 두는 것이 좋습니다.

기면증은 자신의 생각과는 상관없이 갑작스럽게 잠에 빠져드는 병입니다. 졸음과 무기력감을 함께 느끼게 되며, 선잠이 들어 환각에 빠지게 됩니다. 이 병에 걸리면 밤뿐 아니라 한창 활동하는 낮 시간에도 참을 수 없는 잠이 쏟아집니다. 밤에 충분히 잔다 해도 이유 없이 졸음이 오지요. 이것을 수면발작이라고 합니다.

발작적으로 잠에 들었다가 깨어나면 잠이 덜 오지만 얼마 후 다시 졸음이 옵니다. 이 기면증은 대부분 스트레스 때문에 나타납니다. 스트레스를 받게 되면 몸이 긴장하게 되지

기면증은 자기 생각과 상관없이 갑자기 잠에 빠져드는 병이다. ⓒ marcore!@flikr.com

요. 그러면 평소보다 훨씬 쉽게 피곤해지기 때문에 스트레스가 사라지면 피로가 한꺼번에 몰립니다. 그 결과 잠이 급격히 늘어나게 되는 것입니다. 피로뿐 아니라 괴로운 현실에서 도피하고 싶은 심정도 기면증의 원인 중 하나입니다. 두려움과 갈등에서 벗어나는 수단이 잠이 되는 것이지요.

이 기면증은 보통 중·고등학교 시절에 처음 시작됩니다. 기계를 만지거나 운전하는 중에 또는 길을 건너는 중에 갑자기 잠이 들 수 있기 때문에 큰 사고가 날 위험이 있습니다. 몽유병과 마찬가지로 질병 자체보다 잠이 든 후에 겪을 수 있는 위험한 사고가 더 큰 문제입니다.

기면증은 현재까지는 완벽하게 치료할 수 없는 병입니다. 하지만 생활에 지장받지 않을 수 있을 만큼 나아질 수는 있기 때문에 병을 앓게 되는 초기에 치료받는 것이 중요합니다. 필요한 약을 먹고, 먹는 음식을 조절하면 어느 정도 나을 수 있습니다.

**문제 1** 우울증이라는 병을 알고 있나요? 우울증에 걸릴 확률은 남성보다 여성이 두 배 정도 높다고 해요. 왜 그럴까요?

**문제 2** 우리는 보통 밤이 되면 잠들고, 날이 밝으면 잠에서 깹니다. 또 겨울에는 여름보다 잠이 더 잘 오지요. 이유가 무엇일까요?

---

모두 생명에 많은 도움이 됩니다. 그러나 가열음에는 예전보다 더 잠이 잘 옵니다.

3. 많은 사람이 우울증을 경험하게 되는 장사로, 꼭생수가 줄어들어 용장이 많이 있고 그렇지 않을 때에는 우울합니다. 꼭생수가 몽자이는 것은 어려리에서 감지할 수 있는 일정치 빛의 양을 만들어 줍니다. 여성은 꼭생수가 줄어드는 몽자이 우울감을 없애는 남성보다 사람이 감정적으로 되기도 합니다. 그러면 목소리와 감수는 햇볕을 쐬에 많이 증가하여 기뻐하기 운동합니다.

문제 3  수면은 두 가지 종류가 있습니다. 바로 렘수면과 논렘수면입니다. 렘수면과 논렘수면은 어떤 수면인가요?

---

**정답**

1. 논렘수면과 렘수면은 교대로 나타납니다. 새로잠이 든 직후에는 신경세포가 사용하는 산소와 에너지의 소비량이 낮습니다. 이 시간대를 논렘수면이라고 하며, 이 수면은 얕은 수면을 거쳐 깊은 수면에 이르기까지 점점 활발해집니다.

2. 2시간 쯤 지나면 몸은 움직임없이 조용하나, 이 조용히나는 렘수면이라는 꿈을 꾸는 상태로, 렘수면에는 눈이 재빨리 움직이거나 호흡이 조금 빨라집니다. 이 시간동안 뇌는 많이 움직여지며 쉬지 않아서 렘수면이 끝나면 다시 논렘수면이 돌아옵니다. 그리고 발끝이나 손끝에 점이 오는 경우도 발생합니다.

**관련 교과**
중학교 1학년 3. 상태 변화와 에너지
중학교 2학년 4. 소화와 순환

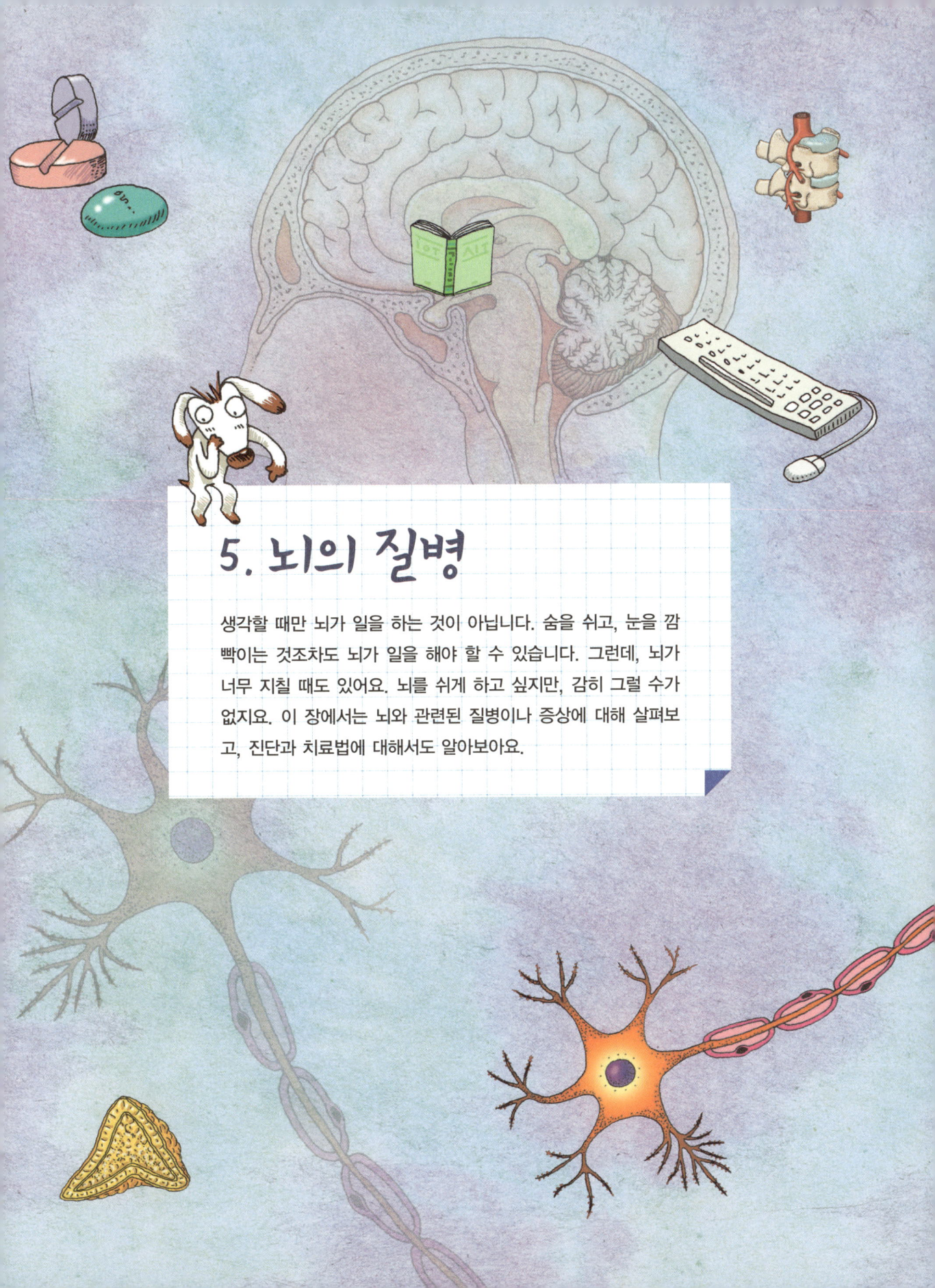

# 5. 뇌의 질병

생각할 때만 뇌가 일을 하는 것이 아닙니다. 숨을 쉬고, 눈을 깜빡이는 것조차도 뇌가 일을 해야 할 수 있습니다. 그런데, 뇌가 너무 지칠 때도 있어요. 뇌를 쉬게 하고 싶지만, 감히 그럴 수가 없지요. 이 장에서는 뇌와 관련된 질병이나 증상에 대해 살펴보고, 진단과 치료법에 대해서도 알아보아요.

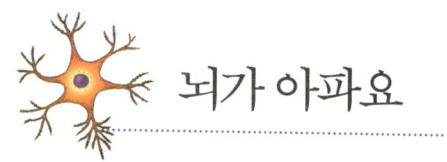# 뇌가 아파요

### ADHD

최근, 텔레비전이나 신문에서는 ADHD에 대해서 많이 보도합니다. 도대체 ADHD가 무엇일까요? ADHD(Attention Deficit Hyperactivity Disorder)란 주의력결핍 과잉행동장애라고도 합니다. 말 그대로 집중하지 못하고 산만하며, 행동이 지나치게 드러나는 증상을 말하지요. 각종 언론매체에서 이것을 문제 삼는 이유는 어린아이부터 청소년에 많이 나타나기 때문입니다. ADHD가 생기는 원인이 아직까지는 분명히 밝혀지지는 않았지만 현재는 뇌의 신경전달물질 이상을 가장 큰 원인으로 보고 있습니다.

이것은 뇌와도 깊은 관련이 있습니다. 뇌의 앞쪽에는 집중력을 조절하고 행동을 억제하는 부위가 있는데, 이 부분이 제 기능을 못하는 것이지요. 실제로 뇌를 촬영해 보니 그 부분에서 혈액순환이 잘 되지 않았습니다. 재미있는 사실은 발명가 에디슨도, 천재 과학자 아인슈타인도, 천재 화가 피카소도 모두 ADHD를 앓았다고 합니다.

리탈린은 ADHD 치료를 위해 개발된 약입니다. 리탈린은 대뇌의 전두엽을 자극해서 집중력을 강화하는 효과가 있어요. 한때, 우리나라에서 '공부 잘하는 약'으로 화제가 되었지요. 하지만 불면증, 우울증 등과 같은 부작용

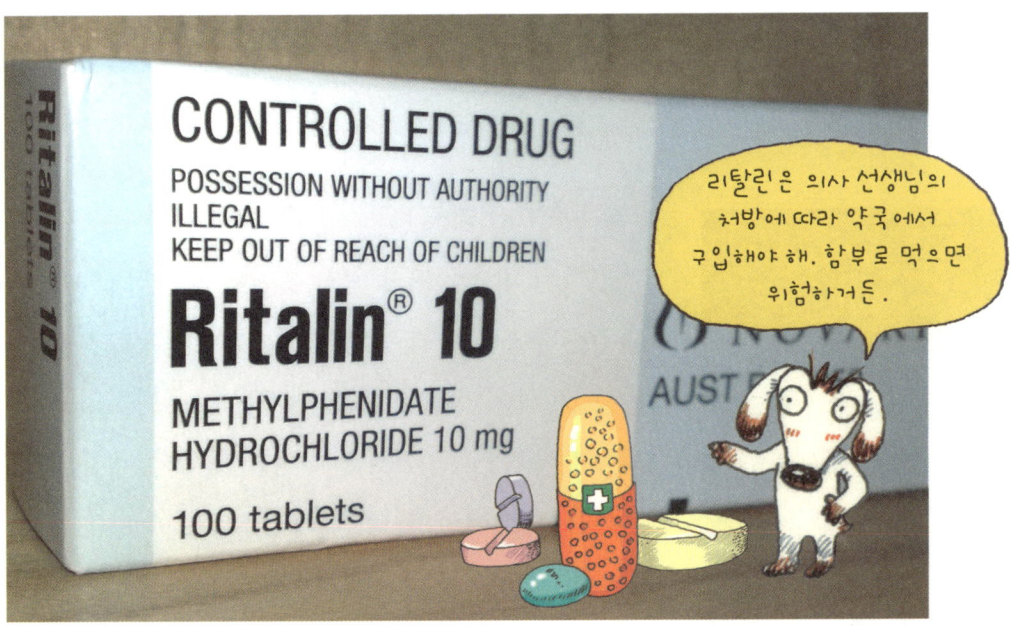

스위스계 제약 회사 노바티스 사의 ADHD 치료제 리탈린.

도 일으키기 때문에 주의해야 합니다. 리탈린은 도파민을 활성화하는데, 이 약을 너무 많이 복용하면 도파민이 지나치게 활성화되어서 환각이 일어납니다. 리탈린이 치료제인지 마약인지, 중독성이 있는지 없는지 그리고 부작용이 있는지 없는지에 대해서 아직도 논쟁 중입니다. 따라서 의사의 처방 없이 함부로 사용하지 말아야 합니다.

### 파킨슨병

파킨슨병은 도파민이라는 신경전달물질과 관련이 있습니다. 파킨슨병에 걸린 사람은 눈이 깜박거리지 않고 얼굴이 거의 무표정입니다. 손발이 떨리고, 몸이 굳어 가기 때문에 몸의 움직임이 느려지는 병이지요. 말하거나 음식을 먹는 일 등을 쉽게 할 수 없기 때문에 심해지면 일상생활이 힘들어집니다. 이 병은 뇌의 신경세포가 퇴화하면서 운동 능력을 조절해 주는 도파민이 함께 줄어들어서 생깁니다.

### 알츠하이머병

흔히 노망이라고 부르는 노인성 치매를 말합니다. 이 병에 걸리면 시간과 장소를 알 수 없게 됩니다. 알츠하이머병에 걸리면 보통 병이 시작되고 나서 10년 안에 죽는다고 알려져 있습니다. 미국의 제40대 대통령이었던 로널드 레이건도 이 병을 앓았습니다. 알츠하이머병의 원인은 정확히 밝혀지지 않아서 아직까지는 치료할 수 없습니다.

미국의 제40대 대통령 로널드 레이건.

**로널드 레이건**
Ronald Reagan, 1911~2004

미국의 제40대 대통령입니다. 재임 시절에는 레이거노믹스라고 불리는 경제 정책을 시행했어요. 영화배우 출신으로 약 50편의 할리우드 영화에 출연했다는 특이한 이력도 가지고 있습니다. 1994년 11월, 알츠하이머병 초기 진단을 받았고, 10년간 투병하다 2004년 93세의 나이로 죽음을 맞이했습니다.

### 뇌전증

흔히 간질이라고 불리는 병입니다. 갑자기 몸이 발작을 일으키고 의식을 잃는 증상이 되풀이됩니다. 이 병은 유전적인 문제나 뇌종양 등이 원인이 되어 생긴답니다.

### 무도병

얼굴, 손, 팔다리와 혀가 뜻대로 되지 않고 저절로 심하게 움직이는 병입니다. 마치 춤을 추는 듯한 모습이 되지요. 소무도병, 헌팅턴 무도병, 노인성 무도병 등 무도병에도 여러 종류가 있는데, 걸리는 연령층이나 원인이 각각 다릅니다.

### 헌팅턴병

뇌의 특정 부위에서 신경세포가 퇴화하면서 생기는 병으로서, 이 병은 유전되어 선천적으로 타고납니다. 이 병을 발견한 미국인 의사 조지 헌팅턴의 이름을 따라 붙여진 이름입니다. 헌팅턴병에 걸리면 몸에 경련이 일어나면서 정신병 증세도 함께 나타납니다. 쉽게 화내거나 우울해지며, 정상적으로 걷고 말하고 생각할 수 없습니다. 새로운 것을 배우거나 기억하는 것 그리고 결정하는 일들도 어려워지지요. 약을 사용하여 증세가 나아지게 할 수는 있지만 완벽하게 치료할 수 없습니다.

### 다발경화증

우리 몸의 신경중추인 뇌와 척수 등에 있는 신경세포가 여기저기 파괴되는 병입니다. 스스로 자기 몸에 대해 항체를 만들어 내고, 그 항체가 몸 안의 항원과 반응하여 병을 만듭니다. 눈이 이상해지거나, 사고·언어·운동·배설에 장애가 생깁니다.

### 루게릭병

척수신경이나 간뇌에 있는 운동 세포가 파괴되어 근육이 힘을 못 쓰게 되는 병입니다. 정신 작용에는 이상이 없고, 근육만 못 움직이게 되는 병으로 이 병의 말기에는 눈만 깜빡일 수 있을 뿐 손가락 하나도 움직일 수 없게 됩니다. 하지만 시각, 청각, 후

#### 항체와 항원

우리 몸에 바이러스나 세균, 독소 등이 침입하면 우리 몸은 이에 대응하기 위한 물질을 만들어 냅니다. 이때 몸에 침입하는 것을 항원, 이에 대응하기 위해 만들어 내는 물질을 항체라고 합니다. 항체에는 동종항체와 면역항체가 있지만 보통 항체를 말할 때는 면역항체를 뜻합니다.

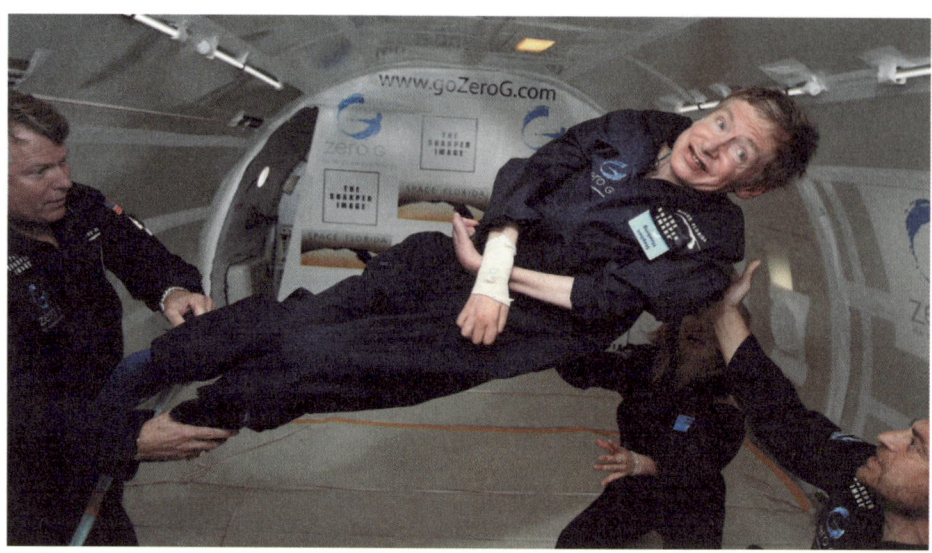

루게릭병에 걸린 스티븐 호킹이 무중력 상태를 경험하고 있다.

### 스티븐 호킹
Stephen Hawking, 1942~

영국의 세계적인 우주물리학자입니다. '특이점 정리', '블랙홀 증발', '양자우주론' 등 현대 물리학에서도 매우 혁명적인 세 개의 이론을 제시했어요. 양자역학과 상대성이론을 통합하는 이론인 '양자중력론' 연구에 몰두했고, 세계 물리학계에서는 갈릴레이, 뉴턴, 아인슈타인으로 이어지는 물리학의 계보에 호킹 박사를 올려놓고 있답니다.

각, 미각, 촉각 등은 생생히 살아 있습니다. 루게릭이라는 이름은 이 병에 걸렸던 미국의 유명한 야구 선수 루 게릭(Lou Gehrig)에서 나왔습니다. 최고의 우주물리학자로 손꼽히는 스티븐 호킹도 현재 이 병으로 휠체어에 의지한 채 생명을 유지하고 있습니다. 루게릭병은 발병한 지 보통 2~3년 안에 죽는다고 알려졌어요. 하지만 스티븐 호킹은 1963년에 이 병을 진단받은 후 현재까지도 이를 극복하고 위대한 업적을 남기고 있습니다.

### 우울증

일시적으로 우울하다고 느끼는 것은 우울감이라고 하는데, 이 우울하고 슬픈 감정이 오래 지속되어 일상생활에 지장을 주게 되면 이를 우울증이라고 합니다. 우울증에 걸리면 집중력과 기억력이 떨어지고, 심하면 망상이나 환각이 나타나기도 합니다.

우울증은 도파민, 세로토닌 등 뇌의 신경전달물질에 이상이 생겨 발생하는 병입니다. 보통 여성이 남성보다 우울증에 잘 걸립니다. 그 이유는 여성이 남성보다 세로토닌이 적게 분비되기 때문입니다.

우울증에 걸리면 집중력과 기억력이 떨어진다.

우울증은 과거에는 대수롭지 않게 여겨졌지만, 최근에는 텔레비전이나 신문에서도 그 심각성을 많이 알리고 있습니다. 우울증은 항우울제와 같은 뇌의 활동을 돕는 약물을 이용하면 치료할 수 있습니다.

### 식물인간과 뇌사

식물인간은 대뇌피질은 손상되었지만 뇌간은 살아 있습니다. 의식이 없고, 몸이 마비되어 식물적인 기능만 남아 있는 상태이지요. 의식은 없지만 뇌간이 살아 있어서 심장박동, 호흡, 소화 기능은 할 수가 있습니다. 식물인간은 영양소와 산소만 공급해 주면 스스로 생명을 유지할 수 있어요.

뇌사란, 심장은 뛰고 있지만 뇌간을 포함하여 모든 뇌의 기능이 완전히 정지된 상태를 말합니다. 그래서 스스로 호흡과 혈액순환을 할 수가 없답니다.

### 혈전

생물체의 혈관 내에서 작은 핏덩이, 세포 부스러기, 지방이나 콜레스트롤 등이 뭉쳐져 굳어진 것을 말합니다. 혈전은 혈관을 막아서 혈액순환을 방해하고, 여러 가지 합병증을 일으킵니다.

### 뇌출혈과 뇌경색

뇌출혈과 뇌경색은 뇌 속에 있는 혈관 때문에 발생하는 병입니다. 뇌경색은 뇌의 혈관을 돌아다니던 혈전이라는 물질이 혈관을 막아 뇌의 일부가 죽는 병입니다. 뇌출혈은 뇌혈관이 터져서 뇌 속에 출혈이 일어나는 병이지요. 흔히 말하는 뇌졸중은 뇌출혈과 뇌경색을 포함하는 말입니다. 뇌졸중의 주된 원인은 고혈압, 당뇨 등과 관계가 있고, 심한 흡연이나 음주도 주요 원인입니다.

### 뇌종양

뇌종양은 신경세포가 아닌 신경교세포가 너무 많이 늘어나서 생기는 병입니다. 신경세포는 죽으면 다시 생성되지 않지만, 신경교세포는 새로 생겨날 수가 있습니다.

# 뇌에 좋은 음식

뇌에 좋은 음식에는 무엇이 있을까요?

육류, 콩, 두부와 같이 단백질이 풍부한 식품은 뇌세포를 발달시킵니다. 호두, 밤, 잣 등의 견과류는 비타민E가 들어 있어 뇌에 혈액이 잘 흐르도록 하고 뇌의 발달을 도와주지요. 고등어 같은 등 푸른 생선에는 DHA가 풍부합니다. DHA는 뇌세포막을 구성하는데, 기억하고 학습하는 능력을 좋게 하지요. 녹황색 채소에 들어 있는 비타민B1은 포도당을 두뇌가 활동하는 데 필요한 에너지로 바꾸어 줍니다. 과일과 채소에 풍부한 비타민C는 스트레스를 줄여 주고, 뇌혈관을 튼튼하게 한답니다. 콩나물은 뇌세포가 필요로 하는 산소와 영양 공급을 활발하게 하여 뇌의 기능을 높여 주지요.

커피나 홍차 등에 들어 있는 카페인은 뇌세포를 지나치게 활발해지게 합니다. 적은 양을 섭취해도 영향을 주지요. 설탕이나 화학 첨가물이 많이 들어 있는 음식은 뇌세포를 흥분시켜 뇌 활동을 불규칙하게 한답니다. 즉석식품은 영양의 균형을 깨뜨려 두뇌 성장을 방해해요.

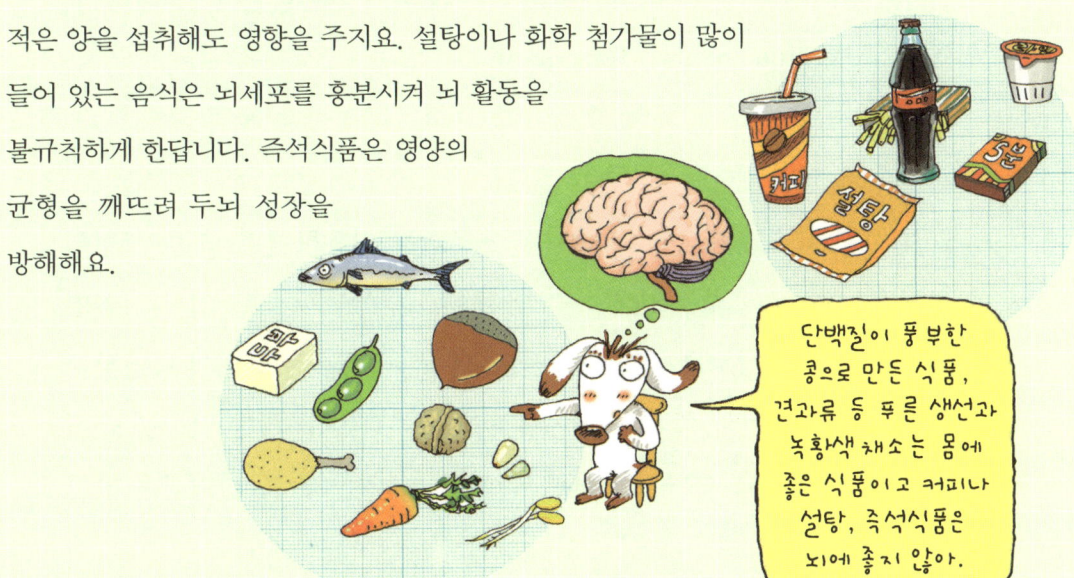

단백질이 풍부한 콩으로 만든 식품, 견과류 등 푸른 생선과 녹황색 채소는 몸에 좋은 식품이고 커피나 설탕, 즉석식품은 뇌에 좋지 않아.

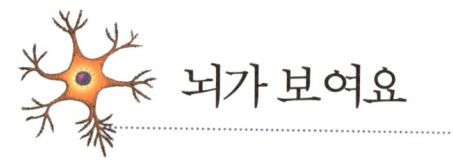# 뇌가 보여요

뇌에 이상이 있을 때, 어디가 어떻게 이상이 있는지를 알아보려면 뇌 속을 보아야 합니다. 하지만 머리를 잘라 뇌를 본다는 것은 정말 무시무시한 일이지요. 머리에 손대지 않고 뇌를 들여다볼 수 있는 방법은 없을까요?

현대는 기술이 매우 발달해서 뇌의 구조와 뇌의 활동을 촬영할 수 있게 되었습니다. 뇌의 구조를 촬영하는 방법에는 컴퓨터단층촬영(CT, Computed Tomography), 자기공명영상(MRI, Magnetic Resonance Imaging) 촬영이 있고, 뇌의 활동을 촬영하는 방법에는 기능성자기공명영상(fMRI, functional Magnetic Resonance Imaging) 촬영과 양전자방출 단층촬영(PET, Positron Emission Tomography)이 있지요.

## 뇌의 구조 촬영

먼저 컴퓨터단층촬영은 엑스선이나 초음파를 이용하여 뇌 속을 촬영하는 방법입니다. 종양 등을 발견하는 데 많이 이용됩니다. 그리고 자기공명영상 촬영은 몸을 이루는 물질이 가지는 자기적 성질을 이용하여 촬영하는 방법입니다. 병원에서 'CT를 찍는다', 'MRI를 찍는다' 하는 말들을 들어본 적이 있을 거예요. CT는 컴퓨터단층촬영, MRI는 자기공명영상을 말합니다.

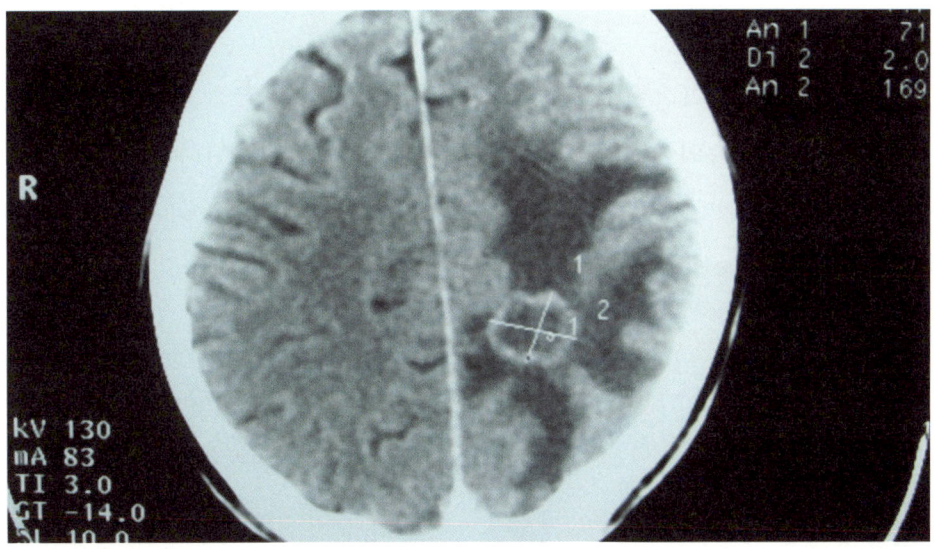

컴퓨터단층촬영으로 찍은 사람의 머리. 표시한 부분에 뇌종양이 보인다.
ⓒ Bobjgalindo@the Wikimedia Commons

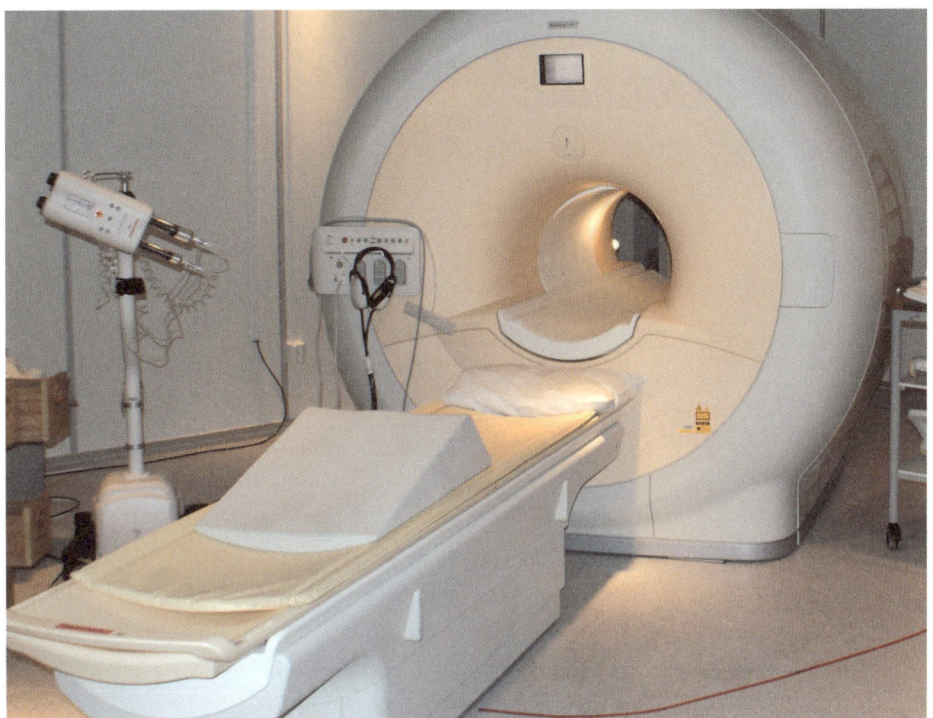

자기공명영상을 촬영하는 장비. ⓒ Jan Ainali(Ainali@the Wikimedia Commons)

### 뇌의 활동 촬영

뇌는 활동할 때 산소와 영양분을 이용하는데, 혈액 속에 있는 산소의 양을 관찰하면 뇌 속의 어떤 부분에서 활발한 움직임이 일어나는지 알 수 있습니다. 기능성 자기공명영상 촬영은 우리의 행동이 뇌의 어떤 부위와 관계있는지 알 수 있는 촬영 방법입니다.

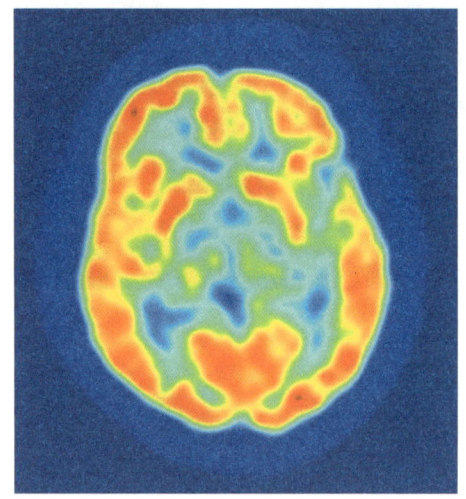
양전자방출 단층촬영 영상.

양전자방출 단층촬영은 탄소, 산소, 질소 등을 이용해서 포도당 같은 당의 변화를 촬영합니다. 활발하게 일하는 부분에서는 양분이 집중적으로 소모되어 에너지가 발생합니다. 이 방법을 이용한 것이 양전자방출 단층촬영입니다.

# 컴퓨터, 뇌를 흉내 내다

　컴퓨터는 많은 양의 정보를 신속하고 정확하게 처리하기 위한 목적으로 사람에 의해서 만들어졌습니다. 컴퓨터는 키보드, 마우스와 같은 입력 장치와 컴퓨터 본체에 해당하는 처리 장치, 그리고 모니터, 스피커, 프린터와 같은 출력 장치로 구성됩니다.

　컴퓨터는 스스로 어떤 일을 처리하지 못해요. 외부에서 처리하도록 요구되는 문제들이 입력되어야 하고, 그 결과를 사람에게 알려주도록 되어 있지요. 컴퓨터의 입력 장치는 사람의 감각신경과 같고, 출력장치는 사람의 운동신경과 같아요. 컴퓨터 본체에서 정보를 분석하고, 처리하고, 해결하는 것은 마치 우리 몸의 연합신경인 뇌와 척수가 하는 일과 같지요.

　우리는 가끔 컴퓨터에 의존하고 컴퓨터의 능력을 부러워하지만, 결국 컴퓨터도 우리의 뇌를 흉내 낸 도구에 불과해요.

**문제 1** 흔히 치매라 불리는 알츠하이머병은 할아버지, 할머니들에게서 많이 나타납니다. 이 병은 어떤 병인가요?

**문제 2** 세계적인 우주물리학자 스티븐 호킹은 루게릭병을 앓고 있습니다. 루게릭병은 어떤 병일까요?

---

3. 사람인간은 대뇌피질은 주름이 많이 져 있는 동물 중의 하나입니다. 이처럼 주름이 많이 져 있는 대뇌피질은 바깥쪽 면적이 넓어 많은 양의 정보를 저장하고 기억할 수 있습니다. 대뇌에서 기억 등 수 많은 정보를 처리할 수 있는 것도 대뇌피질이 발달되어 있기 때문입니다. 또한 사람의 대뇌피질이 발달되어 있어 많은 정보를 처리할 수 있기 때문에 사고가 발달되어 있습니다.

4. 신경을 이루는 주된 세포는 신경세포(뉴런)이며 지지하는 세포는 신경교세포입니다. 여기에는 뇌와 척수를 연결하는 신경섬유에 영양을 공급해 주는 뉴런도 있어요. 뇌의 신경세포는 뉴런과 수상돌기로 연결되어 있어, 신경세포들이 주고 받는 정보는 신경전달 물질이라 부르는 화학물질에 의해 이동합니다. 신경전달물질이 많아지거나 적어지는 것이 여러 가지 질환과 관련 있습니다.

**문제 3** 식물인간과 뇌사는 비슷한 병으로 오해되지만 다른 병입니다. 둘은 어떤 차이가 있을까요?

**문제 4** 뇌에 이상이 생겼을 때, 원인을 알아보기 위해 여러 가지 영상 촬영 방법이 발달했습니다. 어떤 방법들이 있을까요?

**정답**

1. 뇌출혈이나 뇌종양 등의 뇌손상이 원인입니다. 이 병에 걸리면 기억이나 사고, 시각과 청각은 물론 운동까지 마비됩니다. 말을 하지도 못하고 몸을 움직일 수도 없지만, 호흡과 심장박동 등은 뇌 안에 있는 뇌간에서 관장하기 때문에 숨은 쉴 수 있어요. 음식물을 넣어주면 삼켜서 소화시킬 수도 있지요. 하지만 대소변을 가리지 못하고 오래 살지는 못해요.

2. 뇌사상태에 걸리면 정상인이 절대로 될 수 없습니다. 정상 시 호흡중추인 뇌간에까지 파급되어 호흡을 유지시켜 줄 수 없기 때문에 곧 죽게 됩니다. 뇌가 움직이지 못해 몸도 움직일 수 없고, 그래서 스스로 호흡을 하지 못해 인공호흡기의 도움을 받아야 합니다. 음식물도 위에 직접 주입해주어야 하고, 2~3일 안에 혈압이 극도로 떨어져 서 죽음에 이르게 됩니다. 뇌사 판정을 받으면 장기를 기증하기도 하는데, 한국에서는 1963년부터 장기를 기증자의 의사에 따라 기증하고 있습니다.

관련 교과
중학교 2학년  4. 소화와 순환

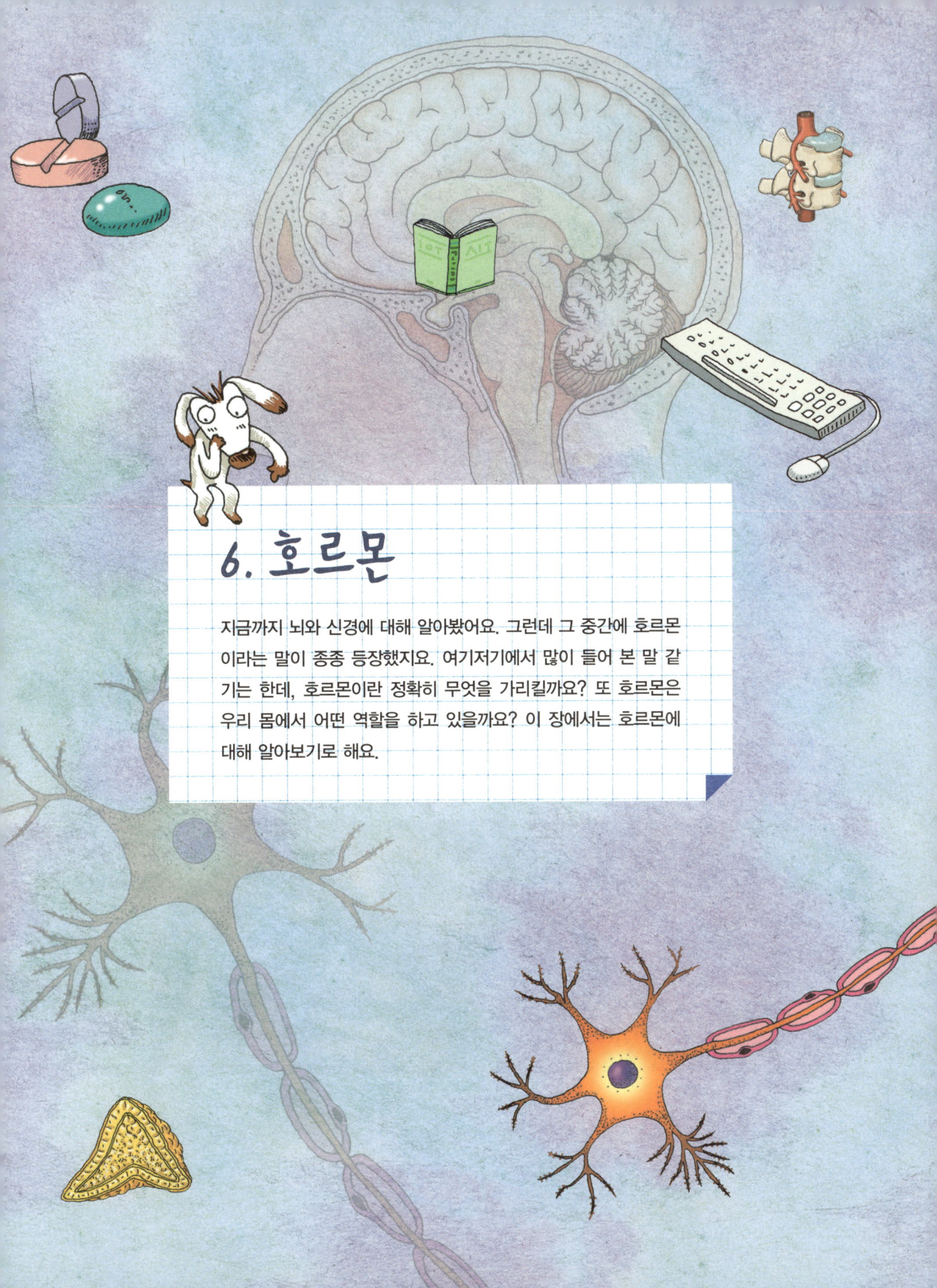

# 6. 호르몬

지금까지 뇌와 신경에 대해 알아봤어요. 그런데 그 중간에 호르몬이라는 말이 종종 등장했지요. 여기저기에서 많이 들어 본 말 같기는 한데, 호르몬이란 정확히 무엇을 가리킬까요? 또 호르몬은 우리 몸에서 어떤 역할을 하고 있을까요? 이 장에서는 호르몬에 대해 알아보기로 해요.

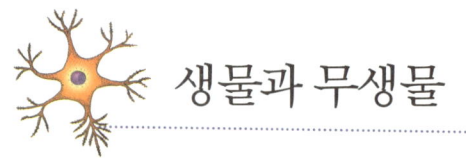
# 생물과 무생물

 살아 있는 것과 살아 있지 않은 것의 차이는 무엇일까요? 혹시 뇌가 있어야 생물이고, 그렇지 않으면 무생물일까요? 만약 그렇다면 식물은 뇌가 없으니 무생물이 되겠지요. 하지만 언뜻 생각해 보아도 식물을 무생물로 분류하지는 않습니다. 도대체 생물과 무생물은 어떻게 구별해야 할까요?

 정답은 바로 세포입니다. 생물과 무생물의 가장 큰 차이는 세포가 있느냐 없느냐입니다. 사람과 나무는 모두 세포로 되어 있습니다. 하지만 유리나 플라스틱은 세포를 가지고 있지 않습니다.

 사람의 몸은 100조 개의 세포로 이루어져 있습니다. 몸 하나에 100조 개의 세포가 들어가려면 그 크기가 매우 작겠지요. 이렇게 작은 세포들은 저

동물과 식물은 세포로 이루어져 있으므로 생물이다.

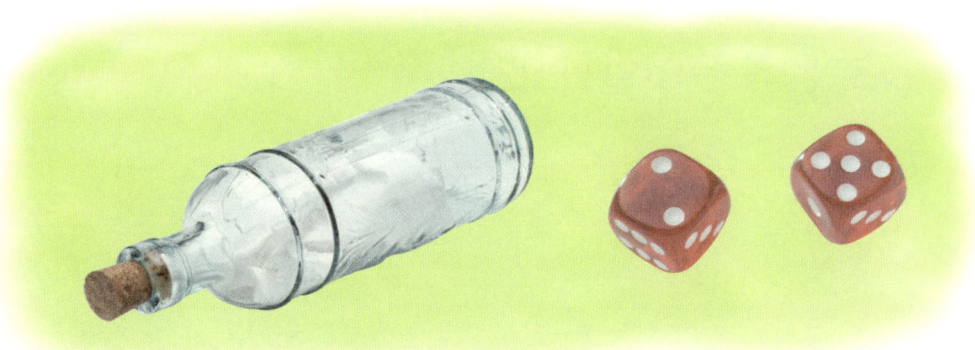

플라스틱이나 유리는 세포가 없으므로 무생물이다.

마다 일을 하고, 병이 들기도 합니다. 또한 병이 들고 죽는 세포가 있는가 하면 새로이 만들어지는 세포도 있습니다. 세포들은 모두 따로 있지 않고 서로 연락하며 우리 몸을 이루고 있습니다.

그런데 이 많은 세포들을 하나하나 다스리기 위해서는 어떻게 해야 할까요? 놀랍게도 생물은 이 많은 세포를 다스리고, 스스로 조절하는 능력이 있습니다. 식물이나 동물은 자신의 몸에 상처가 생기거나 온도 변화가 생기면 이를 느끼고, 안정한 상태로 회복합니다. 그리고 그 상태를 일정하게 유지하는 능력이 있습니다. 신 나게 달리며 놀다가 넘어져 무릎의 살갗이 벗겨지는 부상을 당한 적이 있지요? 시간이 지나면 자연히 새살이 돋아 나오고 상처가 아뭅니다. 또다시 다치지 않는다면 그 상태로 계속 유지되지요. 하지만 플라스틱이나 유리를 생각해 보세요. 플라스틱이나 유리는 자신의 일부가 깨지거나 온도 변화가 일어나도 이 상태를 느끼거나 회복할 만한 능력이 없습니다.

이와 같이 생물이 무생물과 구별되는 가장 큰 차이는 두 가지입니다. 첫째, 세포로 되어 있다는 점, 둘째, 스스로 생명을 유지하는 시스템을 몸 안에 갖추고 있다는 점입니다.

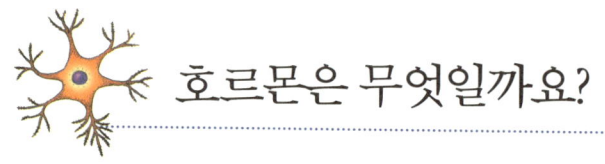 # 호르몬은 무엇일까요?

생명을 유지하기 위해서는 가장 적당한 상태를 유지해야 합니다. 뿐만 아니라 외부나 내부에서 변화가 일어났을 때에 이를 알아차리고, 원래의 안정된 상태로 돌이켜야 하지요. 생물은 이런 일을 수행하는 데 두 가지의 방법을 사용합니다. 하나는 신경이고, 다른 하나는 호르몬입니다. 신경과 호르몬은 모두 우리 몸 안에서의 신호를 전달하는 역할을 합니다.

우리가 뜨거운 것을 만지면 손을 움츠리거나, 어두운 곳에 있다가 갑자기 밝은 곳으로 나올 때 눈을 찡그리는 것은 바로 신경에 의해 신호가 전달되기 때문입니다. 그런데 너무 더워 땀을 흘리거나 적당히 키가 크게 되는 것은 호르몬 때문입니다.

우리는 친구들과 신호를 주고받기 위해 전화를 걸거나 편지를 쓰지요. 신경은 마치 친구에게 빠르게 연락하는 전화와 같습니다. 매우 빠르게 반응하는 신경 때문에 외부의 급격한 반응에 즉각 대처할 수 있습니다. 이 신경을 통한 신호는 필요한 자극과 반응에만 일시적으로 나타납니다. 호르몬은 우리가 주고받는 편지와 같습니다. 편지는 전화보다는 느리지만 좀 더 많은 양의 정보를 가지고 있습니다. 호르몬은 신경에 비하면 느리지만 꾸준하고 지속적인 효과를 발휘한답니다.

호르몬은 만들어지는 곳이 각각 정해져 있고, 일하는 곳도 정해져 있습

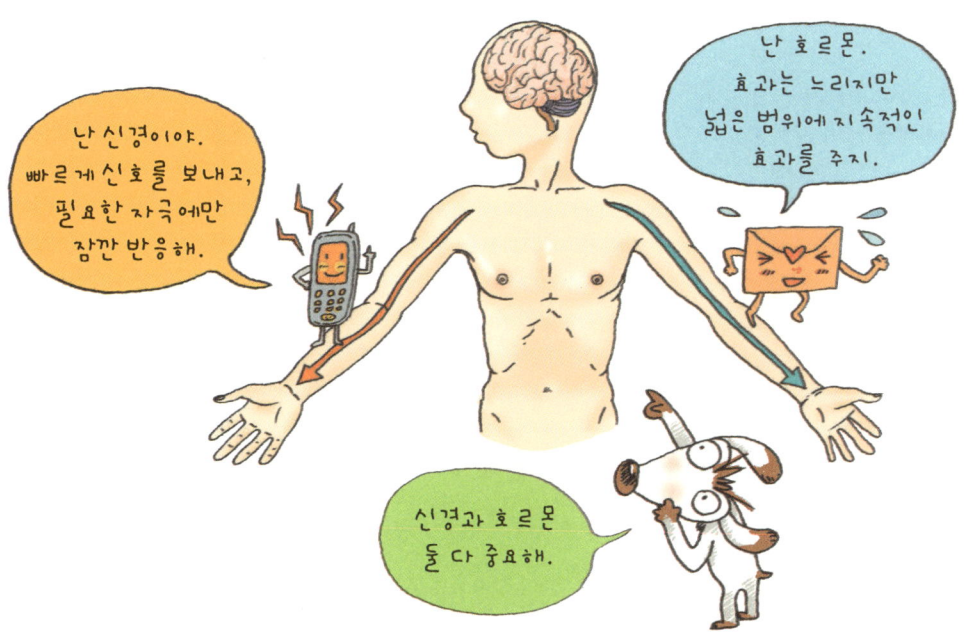

니다. 호르몬은 호르몬샘에서 만들어지는데, 우리의 몸뿐 아니라 뇌에서도 만들어집니다. 분비된 호르몬은 혈액을 통해 온몸으로 운반되지요. 호르몬과 같이 혈액을 통해 온몸 구석구석으로 분비되는 것을 '내분비'라고 합니다.

호르몬은 혈액과 함께 온몸 구석구석을 돌아다니지만 아무 곳에서나 일하지는 않습니다. 여러 종류로 구분되는 호르몬은 자신이 일할 장소를 정확히 알고 있지요. 인슐린이라는 호르몬은 간에서 일을 하고, 성호르몬은 정소나 난소와 같은 생식소에 도달해야 일을 합니다. 이때, 간이나 정소, 난소와 같이 호르몬의 목적지가 되는 곳을 '표적기관'이라고 합니다.

### 내분비

우리 몸에서 만들어진 물질이 특별한 통로를 거치지 않고 혈액을 통해 몸 구석구석으로 운반되는 것을 말합니다. 호르몬은 내분비되지요. 이러한 내분비 물질을 만드는 곳을 내분비샘 혹은 내분비선이라고 합니다. 이와 반대되는 것을 외분비라고 하는데, 침·땀·소화액 등은 외분비된답니다.

**스테로이드**

스테로이드는 유기화합물의 한 종류로 콜레스테롤과 비슷한 물질입니다. 동물과 식물에 널리 분포되어 있는데, 생명체 내에서 중요한 역할을 한답니다.

신기하게도 호르몬은 척추동물 내에서는 어떤 종의 것을 대신 써도 거부감이 없습니다. 그래서 한때는 인슐린이라는 호르몬이 부족해서 생기는 당뇨병을 치료하기 위해 돼지나 소의 인슐린을 치료에 사용하기도 했습니다. 이와 같이 호르몬은 다른 종의 생물 사이에서 사용되기도 하는데, 이것을 "종특이성이 없다"라고 표현합니다.

그런데, 호르몬은 무엇으로 만들어져 있을까요? 호르몬은 단백질이나 스테로이드로 이루어져 있습니다. 인슐린이나 뇌하수체에서 나오는 호르몬은 단백질계 호르몬이고, 성호르몬이나 부신피질에서 나오는 호르몬은 스테로이드계 호르몬입니다. 그럼 이제 호르몬에는 어떤 것들이 있는지 좀 더 알아볼까요?

# 호르몬의 발견

호르몬은 보이지 않는 신호와 보이는 우리 몸을 연결하고 있습니다. 아주 신비로운 물질이지요. 하지만 결코 양이 많지는 않습니다. 이렇게 신비로운 호르몬은 도대체 어떻게 발견되었을까요?

1902년 영국의 생리학자 어니스트 스탈링과 윌리엄 베일리스는 십이지장으로 세크레틴이라는 물질이 나오는 것을 발견했어요. 계속 연구한 결과 그것이 이자액의 분비를 촉진한다는 것을 증명했습니다. 그런데 십이지장과 이자 사이에 연결된 신경을 끊어도 세크레틴이 분비되는 것을 발견하고는 세크레틴이 혈액을 통해 운반되는 물질임을 알게 되었습니다. 그래서 이렇게 신경과는 상관없이 혈액을 통해 신호를 전달하는 물질을 호르몬이라고 부르기로 했습니다. 이것이 호르몬 연구의 출발점이 되었지요.

영국의 생리학자 스탈링과 베일리스는 십이지장에서 세크레틴이라는 물질을 발견함으로써 호르몬 연구의 기틀을 마련했다. 강단 맨 오른쪽 인물이 베일리스, 그 왼쪽에 스탈링의 모습이 보인다.

# 다양한 호르몬

호르몬은 혈관을 타고 흐르다가 표적기관을 만나면 일을 시작합니다. 우리 몸에서 호르몬을 분비하는 곳은 여러 곳입니다. 호르몬은 갑상선, 부신, 이자 등 몸에서뿐만 아니라 뇌에서도 분비된답니다. 그중에서 몇 가지 호르몬을 알아봅시다.

### 인슐린과 글루카곤

이자에서는 인슐린과 글루카곤이라는 호르몬이 나온답니다. 인슐린과 글루카곤은 혈당량을 적당한 수준으로 유지해 주는 역할을 합니다. 인슐린은 지나치게 높아진 혈당량을 적당히 낮추어 주고, 글루카곤은 너무 낮아진 혈당량을 적당한 수준으로 높여 주는 일을 합니다.

### 티록신

호르몬 중에는 티록신이라 불리는 중요한 물질이 있습니다. 티록신은 갑상선에서 분비되기 때문에 갑상선호르몬이라고도 합니다. 목에 있는 후두의

---

### 혈당량

우리 몸의 혈액 중에는 포도당이 녹아 있습니다. 이 포도당은 뇌와 적혈구의 에너지원이 된답니다. 이처럼 혈액 중에 녹아 있는 포도당의 양을 혈당량이라고 합니다. 혈당량은 식사를 얼마나 했느냐, 혹은 운동을 얼마나 했느냐에 따라 달라집니다.

### 물질대사

물질교대, 물질교환 또는 신진대사라고도 하는데, 생물이 외부로부터 흡수한 물질을 몸 안에서 다른 물질로 합성하거나 분해하는 과정을 말합니다. 호흡과 광합성이 물질대사에 포함되지요. 우리는 물질대사를 통해서 필요한 에너지를 얻습니다.

■ 호르몬의 종류와 분비 기관

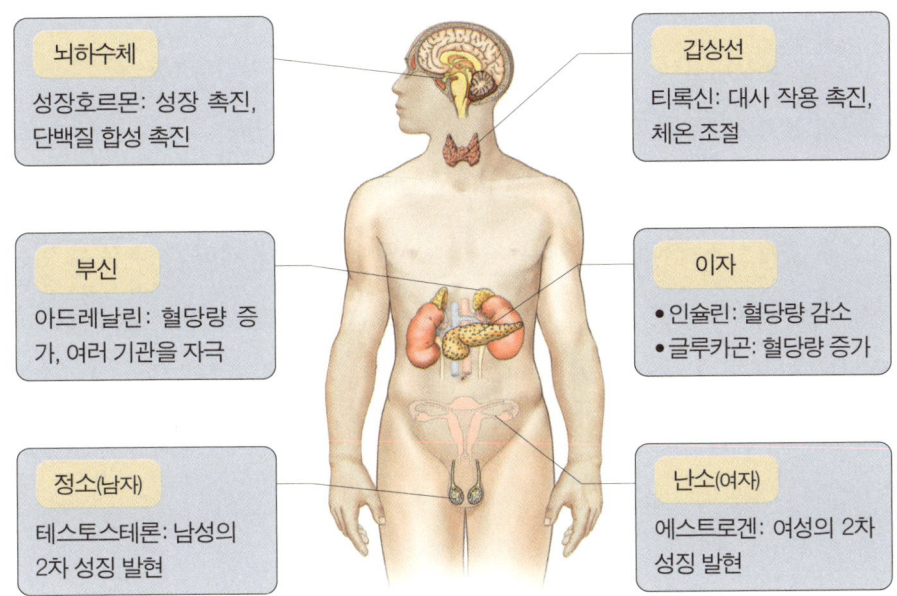

앞쪽에 '방패' 또는 '갑옷'처럼 붙어 있다고 해서 붙여진 이름입니다. 티록신은 우리 몸에서 일어나는 물질대사와 물질대사로 만들어진 에너지를 사용해서 체온을 유지합니다.

### 성호르몬

여자의 난소나 남자의 정소에서도 호르몬이 분비되는데, 이것을 성호르몬이라고 부릅니다. 여자의 난소에서는 여성호르몬인 에스트로겐과 프로게스테론이 분비됩니다. 에스트로겐은 여성의 성징이 발달되도록 하고, 프로게스테론은 임신을 유지하

### 성징

남자와 여자, 암컷과 수컷의 겉보기 특징을 말합니다. 태어날 때부터 생식기가 다른 것은 1차 성징이라고 하고, 사춘기 때 남자와 여자의 모습이 두드러지게 발달하는 것을 2차 성징이라고 합니다.

### 생식샘

동물에 있는 생식기관의 샘을 뜻합니다. 수컷의 정소, 암컷의 난소가 바로 생식샘입니다.

는 것과 관계가 있답니다. 남자의 정소에서는 남성호르몬인 테스토스테론이 분비되어 남성의 성징을 유지해 줍니다.

### 뇌에서 분비되는 호르몬

갑상선호르몬이나 성호르몬은 뇌에서 분비되는 호르몬과 협력하여 일합니다. 뇌 중에서도 간뇌 밑에 작은 돌기 모양의 뇌하수체라는 부분이 있는데, 이 뇌하수체에서는 갑상선을 자극하는 호르몬과 생식샘을 자극하는 호르몬이 분비되지요. 또한, 키가 잘 자라게 하는 성장호르몬도 이 뇌하수체에서 나온답니다.

# 페로몬

    페로몬은 개미가 의사소통을 하는 데 사용하는 물질로 유명합니다. 이 페로몬은 호르몬과는 전혀 다르답니다. 호르몬은 동물의 몸 안을 돌아다니며 어떤 상태를 유지시키려는 항상성에 관여합니다. 하지만 페로몬은 체외로 방출되어 다른 동물에게 어떤 행동을 일으키게 하지요. 페로몬은 개미, 벌 등과 같은 곤충뿐만 아니라 후각이 발달한 포유류의 의사소통에도 중요한 역할을 합니다.

개미는 페로몬을 방출하여 의사소통을 하고, 길을 찾기도 한다.
ⓒ Patrick Makhoul(i.embrace@flickr.com)

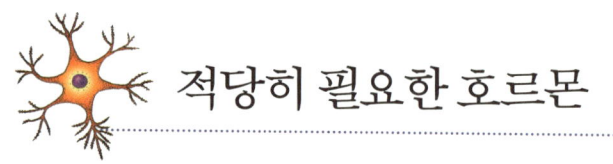
# 적당히 필요한 호르몬

호르몬은 우리의 온몸을 돌아다니며 신호를 전달하는 아주 적은 양의 화학물질입니다. 하지만 적은 양이라고 무시하면 안 된답니다. 정해진 양보다 더 많거나 적은 양이 분비되면 우리 몸은 바로 호르몬 과다증이나 결핍증을 보이기 때문입니다.

■ 호르몬 과다나 결핍으로 나타나는 증상

| 분비 기관 | 호르몬 | 과다증 | 결핍증 |
| --- | --- | --- | --- |
| 뇌하수체 | 성장호르몬 | 거인증, 말단비대증 | 왜소증 |
| 갑상선 | 티록신 | 바제도병 | 크레틴병 |
| 이자 | 인슐린 | — | 당뇨병 |
| | 글루카곤 | 당뇨병 | — |

## 성장호르몬과 거인증

여러분은 위의 표를 보면 성장호르몬에 가장 관심이 갈 거예요. 키가 크고 싶을 테니까요. 성장호르몬은 뇌에서 분비되는데, 우리의 몸이 잘 자라게 하는 역할을 합니다. 당연히 여러분은 성장호르몬이 많이 나오길 바라겠지요. 하지만, 정말 성장호르몬이 많이 분비되면 큰일이 납니다. 성장호르몬의 양이 너무 적으면 키가 작은 왜소증이 나타나지만, 성장호르몬이 지나치게 많이 나오면 거대한 인간, 바로 거인이 돼 버리기 때문이에요. 호르몬은 비록 아주 적은 양이기는 하지만 필요한 만큼만 적당히 나와야 합니다.

## 인슐린과 당뇨병

여러분, 당뇨병이란 이름을 들어 본 적이 있나요? 이 병은 호르몬 때문에 생깁니다. 소변에 포도당이 있다는 의미에서 당뇨병이라고 부르지요. 소변은 우리 몸에서 버려야 할 노폐물을 담고 있습니다. 포도당은 우리 몸에서 가장 많이 사용되는 에너지원입니다. 그런데 연료로 쓰여야 할 포도당이 제멋대로 오줌에 섞여 빠져나가 버리는 병이 바로 당뇨병입니다. 이것은 마치 자동차가 기름을 줄줄 흘리며 달리는 것과 같습니다. 당뇨병은 우리 몸에서 인슐린이라는 호르몬이 부족해서 생깁니다. 혈액 중에 혈당량이 높으면 인슐린이 분비되어 이를 낮추어야 하는데, 인슐린이 부족하다 보니 혈당량을 낮추지 못하게 되고, 그래서 오줌으로 그냥 내보내게 됩니다. 그래서 당뇨병에 걸린 사람들은 인슐린을 외부에서 보충하며 혈당량을 조절합니다. 당뇨병은 이

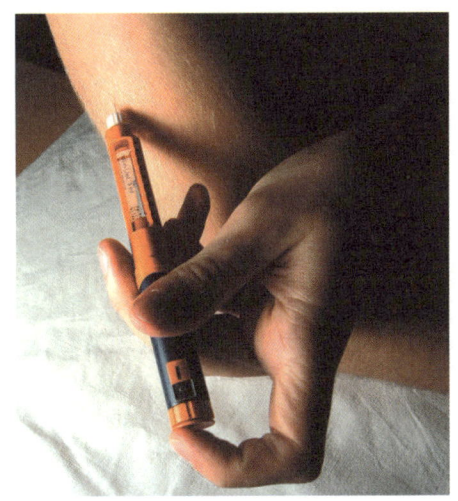

당뇨병 환자가 휴대하고 스스로 주사하기 편하게 펜 형태로 만들어진 인슐린 주사기.

병 자체보다는 이로 인해 함께 오는 합병증이 더 심각한 문제입니다.

### 티록신과 물질대사

갑상선에서 나오는 티록신은 우리 몸의 물질대사를 조절합니다.

이 티록신이 너무 많이 나오게 되면 물질대사가 지나치게 활발해서 심장 박동이 빨라지고, 땀이 나며, 작은 자극에도 지나치게 반응하는 등 불안정한 상태가 된답니다. 반대로 티록신이 너무 적게 나오면 물질대사가 지나치게 느려져서 몸이 둔해지고, 식욕은 줄어드는데 오히려 체중은 증가하는 증상이 나타납니다. 호르몬이 너무 적거나 많아서 생긴 병이기 때문에 호르몬제 또는 항호르몬제를 투여해서 치료합니다.

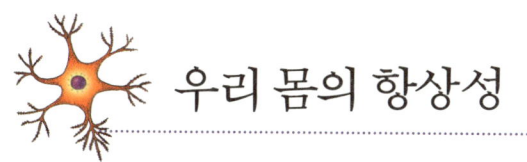
# 우리 몸의 항상성

### 항상성이란 무엇인가요?

우리 몸은 호르몬 덕택으로 늘 안정된 상태를 유지합니다. 우리 몸의 체온, 혈당량, 수분 등은 늘 적당한 수준으로 유지되어야 해요. 만약 그렇지 않다면 몸이 건강하지 않다는 증거입니다. 이렇듯 우리 몸이 어떤 상태를 항상 일정하게 유지하려는 것을 '항상성'이라고 합니다. 호르몬은 우리 몸의 항상성을 유지시켜 건강하게 해 주는 파수꾼과도 같습니다.

호르몬은 도대체 어떻게 혈당량을 적당한 수준에서 유지해 줄까요? 혈액 안에는 적당한 양의 포도당이 들어 있어서 온몸에 끊임없이 공급됩니다. 간에서는 포도당이 글리코겐이라는 물질로 저장되거나, 저장된 글리코겐이 포도당으로 바뀝니다. 인슐린과 글루카곤의 표적기관이 바로 간이지요. 혈당량이 너무 많을 경우에는 인슐린이 분비되어 혈당량을 적당한 수준으로 낮추어 주고, 반대로 혈당량이 너무 낮을 경우에는 글루카곤이 분비되어 이를 적당한 수준으로 다시 높여 준답니다.

혈당량을 조절하기 위해서 인슐린과 글루카곤이 서로 경쟁적으로 일을 하고 있지요. 이렇게 하나의 목표를 이루기 위해 서로 반대 작용을 하는 두 호르몬이 함께 일을 하기도 하는데, 이런 작용을 '길항작용'이라고 합니다.

■ 인슐린과 글루카곤의 길항작용

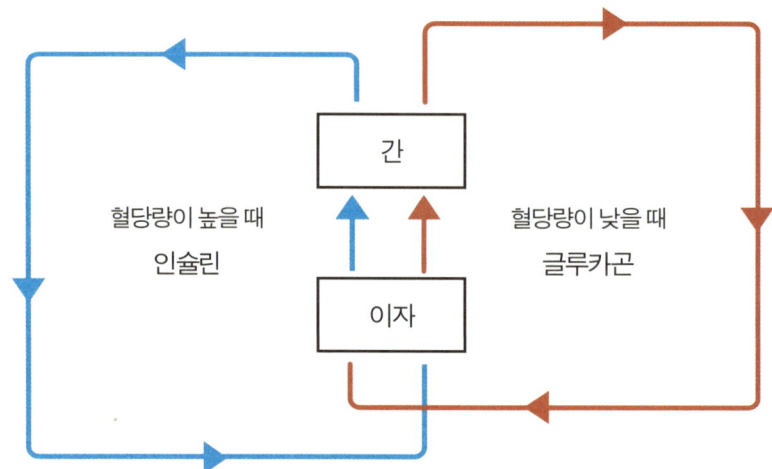

## 체온 조절과 호르몬

건강한 사람의 몸은 36~37℃로 체온이 꾸준하게 유지됩니다. 체온을 조절하는 데에는 갑상선에서 분비되는 티록신이 관여하지요. 우리 몸의 체온이 낮아지면 티록신은 물질대사를 촉진시켜 더 많은 열이 발생하도록 해요.

하지만 티록신은 저절로 분비되지는 않습니다. 간뇌의 시상하부에는 체내의 티록신 함량을 감지하는 기관이 있어요. 이 기관에서 티록신의 함량이 부족하다고 판단하면 갑상선자극호르몬 방출호르몬(TRH)을 분비합니다. 그러면 뇌하수체에서는 갑상선자극호르몬 방출호르몬의 영향을 받아 갑상선자극호르몬(TSH)을 분비하고, 갑상선에서는 갑상선자극호르몬의 영향을 받아 티록신을 분비하게 됩니다. 그러면 세포에서 물질대사가 활발히 일어나 더 많은 에너지를 만들어 내도록 합니다.

반대로 티록신이 너무 많이 분비되면, 이 결과가 다시 간뇌 시상하부로 전달되어 갑상선자극호르몬 방출호르몬의 분비량을 줄이도록 합니다. 그

■ 티록신의 피드백 과정

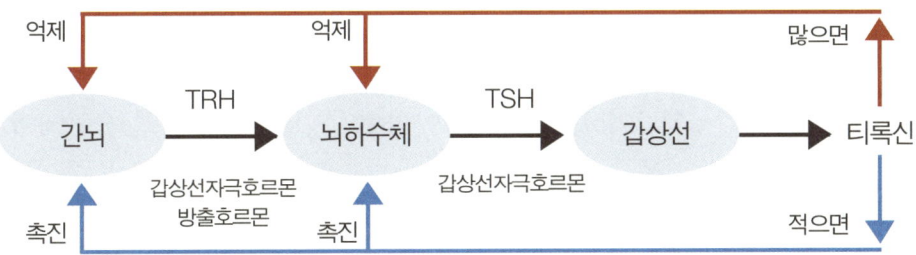

러면 뇌하수체에서는 갑상선자극호르몬의 분비량을 줄이고, 갑상선에서도 티록신의 양을 줄인답니다. 이와 같은 과정을 '피드백'이라고 합니다.

## 체온 조절과 신경

체온을 조절하기 위해서는 호르몬뿐만 아니라 우리 몸에 있는 신경도 한 몫을 합니다. 우리 몸을 이루는 자율신경에는 교감신경과 부교감신경이 있

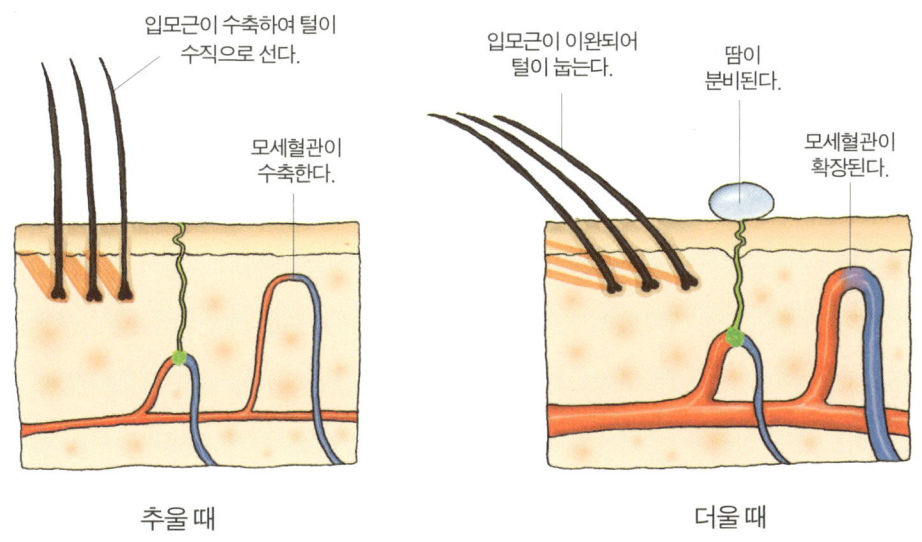

### 입모근

털세움근이라고도 합니다. 털의 뿌리 근처에 있는 근육으로 입모근이 수축하면 털이 꼿꼿하게 섭니다.

습니다. 우리 몸이 체온이 낮아지는 것을 느끼면 교감신경은 더 이상의 열이 몸에서 나가지 않도록 신호를 보냅니다. 우리 피부에는 많은 털과 혈관이 있어요. 교감신경이 신호를 보내면, 이 털 주위에 있던 입모근과 혈관은 수축하여 외부와 닿는 표면적이 최대한 작아집니다. 추울 때는 털이 꼿꼿이 서거나 얼굴이 창백해지는 이유가 바로 이 때문입니다. 또한, 교감신경은 땀 분비를 억제해 열이 밖으로 빠져나가는 것을 막아 줍니다.

이렇듯, 항상성을 유지하기 위해서는 우리 몸의 구석구석에서 현재의 상태가 적당한 수준인지 아닌지에 관한 정보를 끊임없이 주고받아야 합니다. 그러기 위해서는 우리 몸의 신호 전달 시스템을 잘 이용해야겠지요. 항상성을 유지하기 위해서는 호르몬과 신경이 협력해야만 합니다. 또한, 호르몬의 길항작용과 피드백도 잘 이루어져야 하겠지요.

# 식물도 호르몬이 있어요

식물의 호르몬도 동물의 호르몬처럼 여러 가지입니다. 그중 에틸렌이라는 호르몬이 있습니다. 이 에틸렌이 어떤 역할을 하는지는 시장에 가면 잘 알 수 있습니다.

과일 가게에서 흔히 볼 수 있는 과일 중 바나나가 있지요. 노랗게 익은 바나나는 아주 먹음직해 보입니다. 그런데 바나나는 딸 때부터 그렇게 잘 익어 있을까요? 만약 그렇다면 먼 나라에서 우리나라로 오는 동안 상해 버렸을 거예요.

오랫동안 보존해야 하는 과일들은 익기 전에 따서 우리나라에 들여옵니다. 그런 후 밀폐된 공간에 넣고 에틸렌 가스를 쏘여 주지요. 에틸렌 가스를 쏘인 과일들은 놀랍게도 나무에서 떨어진 줄도 모른 채 익기 시작합니다. 우리가 먹는 바나나는 이런 과정을 거쳐 먹음직하게 익은 것입니다.

또한 에틸렌은 스트레스 호르몬이라고도 불립니다. 사람은 무심코 식물의 이파리나 과일을 만지곤 하지요. 식물은 이런 상황을 위협이라고 느껴서 에틸렌 호르몬을 분비합니다. 위협이라고 느끼기 때문에 식물을 빨리 성장시키고 열매를 맺고 익게 하여 종자를 남기기 위해서입니다.

:::: 문제 1  강아지·고양이는 생물이고, 유리·플라스틱은 무생물입니다. 생물과 무생물을 나누는 정확한 기준은 무엇인가요?

:::: 문제 2  호르몬도 신경처럼 우리 몸 안에서 신호를 전달합니다. 호르몬과 신경의 차이점은 무엇일까요?

3. 우리 몸의 여러 기관들이 서로 조화를 이루며 움직일 수 있는 것은 호르몬이 신호를 전달하기 때문입니다. 이를 항상성이라고 합니다. 호르몬의 종류는 다양합니다. 예를 들면, 우리 몸의 혈당량이 높아지게 되는 순간 글루카곤이라는 호르몬이 작용합니다. 인슐린과 글루카곤은 서로 작용하여 혈당량을 조절합니다. 그리고 우리 몸에 수분이 모자라면 신장에서 항이뇨 호르몬이 분비되어 몸속 수분량을 조절합니다. 이처럼 우리 몸에서 일어나는 호르몬의 작용은 매우 다양합니다.

문제 3  우리의 몸에서는 하나의 일을 하기 위해 두 종류의 호르몬이 서로 반대 작용을 하기도 합니다. 이를 길항작용이라고 해요. 글루카곤과 인슐린을 예로 들어 길항작용을 설명해 보세요.

정답

1. 생물과 무생물로 나눌 수 있어요. 세포로 되어 있지 않고, 그렇지 않지만, 나타나는 세포, 또는 그와 유사한 물질을 가지고 있지 않습니다. 우리 주변에는 생명을 가지고 있는 생물과 생명을 가지지 않은 무생물이 있습니다. 동물과 식물은 모두 몸 안에 생명을 갖고 있지요.

2. 식사량이 적고 대사량이 많은 상황일 때는 혈당이 낮아집니다. 이때 글루카곤이 분비되어 간에 저장된 글리코겐을 포도당으로 분해하여, 이를 통해 혈당이 높아집니다. 반대로 식사량이 많고 활동량이 적으면 혈당이 높아지고 이때 인슐린이 분비되어 혈액 속의 포도당을 글리코겐으로 저장함으로써 혈당이 낮아집니다.